本书得到教育部人文社会科学研究青年项目"京津冀地区科技间溢出与协同效应研究"（18YJCZH020）的资助

京津冀
科技金融政策研究

—————— 程 翔 著 ——————

Research on Science and
Technology Financial Policy in
Beijing Tianjin Hebei

经济管理出版社
ECONOMY & MANAGEMENT PUBLISHING HOUSE

图书在版编目（CIP）数据

京津冀科技金融政策研究/程翔著．—北京：经济管理出版社，2023.6
ISBN 978-7-5096-9094-9

Ⅰ.①京⋯　Ⅱ.①程⋯　Ⅲ.①科学技术—金融政策—研究—华北地区　Ⅳ.①F832.72

中国国家版本馆 CIP 数据核字（2023）第 105440 号

责任编辑：钱雨荷
责任印制：张莉琼
责任校对：张晓燕

出版发行：经济管理出版社
　　　　　（北京市海淀区北蜂窝 8 号中雅大厦 A 座 11 层　100038）
网　　址：www.E-mp.com.cn
电　　话：（010）51915602
印　　刷：唐山玺诚印务有限公司
经　　销：新华书店
开　　本：720mm×1000mm/16
印　　张：11.5
字　　数：156 千字
版　　次：2023 年 6 月第 1 版　　2023 年 6 月第 1 次印刷
书　　号：ISBN 978-7-5096-9094-9
定　　价：79.00 元

前　言

　　科技金融是宏大而又复杂的研究与实践课题，在近 30 年间被中国学界、产业界、政府部门反复探讨。从功能角度而言，科技金融重在发现创新价值、聚集各类要素和放大资本效能。作为国家科技创新体系和金融体系的重要组成部分，它致力于解决传统金融解决不了的科技企业融资问题，通过政府支持，引导社会资本参与企业的创新活动，分散科技创新的风险，分享科技创新的收益。科技金融的加快发展有力促进了技术创新、科技成果转化与科技产业发展，逐步成为实施创新驱动发展战略的"发动机"。

　　党的二十大报告指出："必须坚持科技是第一生产力、人才是第一资源、创新是第一动力。"2022 年 12 月召开的中央经济工作会议提出，要推动"科技—产业—金融"良性循环。这些都与"十四五"规划强调的"构建实体经济、科技创新、现代金融、人力资源协同发展的现代产业体系"高度契合，在揭示科技创新对经济发展重要性的同时，也阐明了金融对科技创新的推动作用，既能为科技创新活动提供资金支持，又能帮助科创企业规避化解创新风险。

　　京津冀作为中国最具有创新活力和动能的地区，正不断探索做优科技创新环境、做强科技孵化平台、做畅科技成果转化的创新型社会之路，在这其中科技金融政策发挥了促进科技创新的重要支撑作用。近年来，国家和京津冀出台了一系列促进经济发展、扶持中小科技企业政策，通过设立产业引导基金、风险资金池、科技保险风险补偿制度以及探索应用各类金融工具等手段来促进当地资本市场发展，推动当地创投机构和金融人才聚集，缓解当地融资难问题。例如，全局性纲领性文件《国家创新驱动发展战略纲要》《京津冀农业科技协同创新中心共建协议书》和《京津冀协同发展金融服务战略合作框架协议》；为非首都功能疏解提供相匹配的信贷支持的《开发性金融支持京津冀协同发展合作备忘录》；为三地提供一体化的网络金融服务的《京津冀金融服务一体化战略合作协议》等。现有已出台的政策涵盖保险、担保、贷款、再担保、小额贷款、融资租赁、引导基金、天使创业投资、私募、股权投资机构、天使创投资金、产业引导资金、平台、孵化器等，近年来政策支持力度并不小。

但是，由于京津冀地区存在资源禀赋、科技创新能力、金融发展水平的不平衡和异质性，使科技金融资源在区域内流动不畅、共享性不高；此外，区域内政府在制定科技金融政策时往往只考虑本地区的发展情况，缺乏全局性的谋划与配合，形成了较大的地区间政策差异，难以实现政策的协同有效供给。京津冀地区科技金融政策的差异体现在哪里？是否存在空间溢出效应？这些问题不仅值得高度关注，更亟待解决，进而为其他地区科技金融政策的制定提供经验范本。

本书作为教育部人文社会科学研究项目"京津冀地区科技金融政策的空间溢出与协同效应研究"的研究成果，共由八章组成：第一章是导论，阐释了研究背景、意义和相关核心概念；第二章是相关理论与文献综述，系统梳理了科技金融的经典理论和文献观点；第三章用政策文本分析的方式比较了京津冀科技金融政策；第四章、第五章对京津冀科技金融政策进行了投入产出分析和效率分析；第六章采用实证方法分析了京津冀科技金融政策对区域创新的影响；第七章分析了京津冀科技金融政策的空间溢出效应；第八章采用 PMC 指数法分析京津冀科技金融政策的协同。

　　由于本人受到能力、精力等方面的限制，本书存在的问题尚需深入研究，尤其是缺乏对三地科技金融政策支持下的个体企业案例的追踪研究，希望在今后的研究中能够弥补缺憾，并得到各界智者的启迪和指导。

　　当前，我们比历史上任何时期都更接近中华民族伟大复兴的目标，我们比历史上任何时期都更需要建设世界科技强国。谨以此书致敬为科技金融事业做出贡献的广大思想者和实践者，你们葆有的与时俱进之精神、革故鼎新之勇气、坚忍不拔之定力，将是一束光，照亮我和所有科技金融研究者的探索之路。

程　翔

2023 年 5 月 30 日于北京中关村

目　录

第一章　导论

第一节　研究背景与意义

一、研究背景

京津冀地区作为环渤海经济圈中的核心区域，地缘相接，人缘相亲，是我国重要的政治、经济、文化和科技中心。中央多次对京津冀地区的发展问题做出重要部署，京津冀三地的交流与合作更加频繁。2004 年 2 月，国家发展和改革委员会召集北京、天津和河北三省市的发展改革部门在廊坊开展区域经济发展战略研讨会，并最终达成"廊坊共识"。此次会议对京津冀协同发展进程起到了极大的推动作用。2011 年 3 月，"十二五"规划提出要打造"首都经济圈"。2014 年 2 月 26 日，习近平总书记召开京津冀协同发展座谈会，将京津冀协同发展上升为国家级战略。2015 年 4 月，中共中央政治局审议通过《京津冀协同发展规划纲要》，明确了京津冀地区未来发展的总体方针，标志着京津冀协同发展战略的顶层设计已经完成。2017年10月18日，习近平总书记在党的十九大报告中提到区域发展协调性增强，京津冀协同发展成效显著，指出应该实施区域协调发展战略，以城市群为主体构建大中小城市和小城镇协调发展的城镇格局，以疏解北京非首都功能为"牛鼻子"推动京津冀协同发展，为京津冀地区在经济新常态下进一步实现协同发展指明了方向。2019年1月18日，习近平总书记对京津冀各地区发展情况进行调研，召开座谈会并结合协同发展进程对未来京津冀协同发展的方向提出了新的要求。2021年3月，"十四五"规划提出，要优化区域经济布局，促进区域协调发展，深入实施区域重大战略、区域协调发展战略，构建高质量发展的区域经济布局，加快推动京津冀协同发展。

长期以来，京津冀地区的发展仍然面临着北京承载过多非首都功能、区域发展差距过大、产业结构失衡、环境污染严重等问题，直接影响了整个区域的可持续发展。因此，实现京津冀地区经济社会全面发展的根本路径在于实现京津冀协同发展，也只有通过协同发展促进地区发展质量的提升，才能真正实现京津冀地区可持续发展。京津冀地区科技创新协同发展是落实国家创新驱动发展战略、建设北京科技创新中心、实现高端引领绿色低碳发展的重要举措。

金融对科技创新的引领与支撑必不可少。政策是科技金融的灵魂，为科技与金融资源的合理配置、科技型企业产业化发展提供制度保障。近年来，京津冀地区各级政府部门陆续颁布了大量科技金融方面的规划和文件，为科技创新保驾护航。但是，一方面由于京津冀地区存在资源禀赋、科技创新能力、金融发展水平的不平衡和异质性，使科技金融资源在区域内流动不畅、共享性不高；另一方面，区域内政府在制定科技金融政策时往往只考虑本地区的发展情况，缺乏全局性的谋划与配合，形成了较大的地区间政策差异，难以实现政策的"协同有效供给"。

二、研究意义

京津冀地区科技金融政策的差异体现在哪里？是否存在空间溢出效应？如何进行协同？这些问题不仅值得高度关注，更亟待解决，进而为其他地区科技金融政策的制定提供经验范本。本书的理论意义和实践应用价值主要体现在以下三个方面：

第一，本书着眼于由地区间科技金融政策差异引发、带动的区域间要素流动，及其衍生的制度环境演化导致的地区经济活动状态和效率变化的研究，突破了以往单一研究科技金融政策对区域经济或科技创新研究的局限，从科技金融政策差异、科技金融政策强度与效率的评价、时空分异特征、影响因素、空间溢出效应等多个层面进行系统分析，丰富了科技金融领域的研究内容，还将为各类科技金融政策的制定提供有意义的参考。

第二，将地理经济学、空间计量经济学等实证方法用于政策研究，采用探索性空间统计方法对科技金融政策强度和效率进行可视化表达以描述其空间特征与相互作用机制，这是一种政策文本数量化、政策效率空间数量化的大胆尝试。

第三，融入自组织理论和耗散理论来揭示京津冀地区科技金融政策的溢出效应原理，通过对其空间溢出强度和概率的分析，为探索京津冀地区科技金融协同发展提供一种有益的探索。

第二节　概念界定

一、科技金融的内涵

在学术界，有关科技金融的定义有多种，具有代表性的主要有两种。一种是工具论。如赵昌文等（2009）指出，科技金融是促进科技开发、成果转化和高新技术发展的一系列金融工具，既包括产业发展的金融体系、金融政策和金融服务体系，也包括为科学和技术创新活动提供金融资源的政府、企业、市场、社会中介组织等，是金融体系和国家创新体系的重要组成部分。另一种是本质论。如房汉廷（2010）认为，科技金融是一种创新活动，是一种技术—经济范式，是一种科学技术资本化过程，是一种金融资本有机构成提高的过程。

本书认为科技金融是指通过创新财政科技投入方式，引导和促进银行业、证券业、保险业等金融机构和创业投资等各类资本，创新金融产品，改进服务模式，搭建服务平台，实现科技创新链条与金融资本链条的有机结合，为初创期到成熟期各发展阶段的科技企业提供融资支持和金融服务的一系列政策和制度的系统安排。

科技金融是世界科学技术和经济金融的融合过程，更是创新型经济的高级形态。科技创新与金融创新是相辅相成的互动发展关系。科技创新的有效、高速发展离不开金融创新的支撑，同时科技创新发展方式的转变和结构的调整也需要金融的创新和完善；金融创新的发展离不开科技创新，其发展速度和规模、形式都应与科技创新发展的需要相符合。金融创新依赖科技创新，科技创新的发展也需要借助金融创新（胡冬雪，2010）。更为重要的是，科技金融是创新型经济的高级形态，一方面表现为科技金融服务业发展的程度，另一方面表现为科技金融生态的完善程度。

科技金融服务业是现代服务业的重要组成部分，既包括银行、证券、保险等金融行业，也包括担保、资产评估、会计、法律等专业服务业（戴彩霞，2015）。现代服务业是未来经济发展的关键产业。同时应指出的是，科技金融的发展也有其自身局限性。它的发展水平不但受金融市场和科技创新能力的影响，而且与经济发展的变化直接相关。科技金融是通过金融体系、业态、产品和服务的创新与优化，将政府"有形之手"和市场"无形之手"结合起来，不断地进行相互矫正、适应和再平衡的生态系统，科技金融生态优劣从侧面反映了国家和地区经济发展的环境和活力。

作为未来创新型经济发展，科技金融发展的深度及其变化可以映射出一个国家的投资结构和经济发展方式的转变。综观世界，科技与金融结合的程度与经济发展存在较强的关联关系，科技与金融结合程度的提高一般都伴随着产业结构的快速升级。因此，科技与金融结合程度的提高在很大程度上体现了产业结构的高级化和产业创新能力的提升。

二、科技金融的特性

（一）科技金融的综合性

科技金融的综合性首先体现在科技金融定义上。科技金融是促进科技开发、成果转化和高新技术发展的一系列金融工具，既包括产业发展的金融体系、金融政策和金融服务体系，也包括为科学和技术创新活动提供金融资源的政府、企业、社会中介组织等。同时，科技金融也是金融体系和国家创新体系的重要组成部分（赵昌文等，2009）。科技金融内容的综合性体现为实现过程的全面性，包括创新金融技术投资，引导和促进银行业、证券业、保险业和风险投资等各类资本，为初创阶段到成熟阶段各个阶段的科技企业发展提供融资和金融服务。在此过程中，新经济的发展需要创新金融产品、完善服务交付模式、搭建服务平台，使科技创新链与金融资本链有机结合。

（二）科技金融的内生性

长期以来，学术界一直认为科技金融是经济发展的外生变量，科技金融是金融的一个子集（房汉廷，2011）。但经过研究后发现，科技金融内生于经济发展过程中，其内生性体现为各种经济范式，如技术—经济范式、金融—经济范式、企业家—经济范式等。从本质上而言，科技金融是促进技术、资本与企业家等创新要素深度融合和聚合的经济范式（房汉廷，2015）。

所谓资本就是企业家为了实现"新组合"，用以"把生产指往新方向"和"把各项生产要素和资源引向新用途"的一种"杠杆"和"控制手段"，资本是可供企业家随时使用的支付手段，其职能在于为企业家进行"创新"提供必要条件。技术革命是新经济模式的引擎，金融是新经济模式的燃料，科技金融是一种新的经济范式，科技与金融的结合就是新经济模式的动力所在。17～18世纪，英国发生的以中央银行、国债市场、股票市场等为主要内容的金融变革，为技术创新产业化提供了资金支持，成为工业革命的催化剂，助力英国成为"日不落"帝国；股份制和资本集聚成就蒸汽机和铁路时代；现代投资银行的诞生成就钢铁、电力、重工业时代；期货、信托等金融工具的应用成就石油、汽车和大规模生产的时代；天使投资、创业投资、硅谷银行和纳斯达克市场等成就新一代信息革命（信息和远程通信）时代。经济发展是来自科技金融内部自身创造性的变动，表现为科技金融通过改变结构和发展范式来促进经济社会发展。

（三）科技金融的动态性

科技金融的动态性首先表现为一种创新活动，创新活动往往是不断变化的动态过程。从历史发展演进来看，创新本质上是不间断的过程。创新有大小之分，也分为渐进性创新和颠覆性创新，虽然颠覆性或者重大的创新一般要间隔一段时间才会出现一次，但是小的创新却不会间断。科技金融必定是动态的，其发展过程也是动态的，其组成要素也在发生变化，尤其是数据、资源、知识等高级要素呈现多样化、动态化特征，需要利用动态画像和关联知识图谱动态更新进行把握。

科技金融的动态性还表现为科学技术的资本化过程。科技创新和金融创新紧密结合是动态的、不断丰富和自我进化完善的过程。此外，围绕科技金融网络各个节点间的关系链条，以及科技金融各个要素（知识、信息、资本、劳动等）在流动中不断相互作用和更新，实质就表现为变化发展的动态过程。

（四）科技金融的创新性

科技金融的创新性体现在重视企业家精神和企业家资本。企业家是企业经营者或冒险组织者，是与土地、劳动力、资本三个生产要素一起开展生产活动的第四个要素。企业家是一种新的生产要素，通过在生产系统中引进新组合，企业家以自己的创造力、洞察力和领导力，消除市场的不平衡，实现创造和效用，并且提出未来的发展方向。在科技金融发展过程中，企业家将旧的生产方式进行某种"创造性破坏"，引领经济结构进行"革命"突变，从而实现经济要素的再结合，推动经济的发展。

（五）科技金融的社会性

对社会资本进行分型，可分为社会资本Ⅰ型和社会资本Ⅱ型。社会资本Ⅰ型主要是指普通的社会资本。社会资本Ⅱ型主要是指20世纪70年代信息革命之后所形成的新社会资本。

社会资本的增长可以减少银行风险，促进科技创新创业资本整合。同时，社会资本作为一种公共网络资源，能够促进创新要素的优化配置，降低整个社会的运行成本。世界银行的研究指出，一国财富由人力资源、自然资源、人文资源和社会资本组成。

科技金融的社会性突出表现为对社会资本的重视，尤其是引入新社会资本（社会资本Ⅱ型）这一创造性突破。社会资本，既包括信任、规范和社会网络，也包括人们在经济过程中的共享知识、规则和预期，通过提升知识共享的标准和期望，从而促进各方的合作与信任，增加参与者的收益，进而提高经济效益。

三、科技金融的功能

美国著名金融学教授罗伯特·C.莫顿等认为，金融体系具有清算和支付、融通资金、股权细化、资源配置、风险管理、信息提供、解决激励问题七大基本功能。科技金融的目标是实现科技创新链条与金融资本链条的有机结合，发挥科技金融的多种功能。

（一）资源配置功能

从资源配置功能的角度看，科技金融就是要引导金融资源和社会资本向科技企业集聚。一方面，在新的经济社会发展阶段，培育和释放转型升级新动能，加快构建满足经济发展需要的科技创新体系，激发了社会资本进入国家科技创新研发领域、分享国家创新成就的内生动力。另一方面，金融也在改革，未来金融体制的改革意味着金融机构将会越来越专业。科技服务业的发展会带来技术机构的金融化。过去理解科技金融这个概念主要是从金融支持科技的角度，现在从科技推动金融创新改革发展的角度看，新技术已为全社会带来金融发展的曙光。

（二）风险管理功能

从风险管理功能的角度看，可通过金融创新来优化风险收益结构，达到风险与收益相匹配（刘军民，2015）。现代金融的产生和发展，与创新密不可分。3D打印、新能源、人工智能（AI）等不断涌现的创新创业"大事件"，其最初的研发经费来源无一不是风险投资。金融创新持续不断地掀起信息和生物技术产业的创新浪潮。但随着经济发展，金融的功能发生了一些异化，一些金融工具只关注虚拟世界而无视实体经济。正是由于功能异化使金融脱离了与实体经济创新活动的天然联系，导致美国发生了金融危机。因此，需要同步甚至超前的监管手段，才能有效发挥科技金融的作用。

（三）信息处理功能

从信息处理功能的角度看，科技金融就是要致力于解决科技企业与金融机构之间的信息不对称。科技企业缺乏有形资产，未来不确定性大，更多依靠技术和智力等无形资产来创造利润，在没有取得商业成功之前，金融机构难以评估科技成果的货币价值和企业经营风险。一言以蔽之，科技企业从初创到取得商业成功前，与金融机构存在信息不对称（刘军民，2015）。科技金融力求通过大数据、互联网、云计算等技术与金融工具的有效结合，较好地解决这一问题。

（四）监督管理功能

从监督管理功能的角度看，科技金融不仅要提供资本，还要为企业带来价值增值服务。科技金融为财政资金提供监督管理的效能，金融介入对项目承担者的治理结构、管理水平、诚信程度等形成全程化的监督管理，提高财政资金的安全性和有效性。对于一项成果能不能在市场中取得成功，金融资本是否参与、参与到何种程度，科技金融是检验科技创新成果的有效性和市场价值重要的检验手段。

四、科技金融政策及其分类

张景安（2006）在第五届中小企业融资论坛上提出，科技金融政策是指包括政策性金融、风险投资、资本市场、保险等在内的一系列支持科技创新的政策。随着我国经济体制改革的不断深入，我国科技金融的发展由过去单一的科技贷款发展至创业风险投资、银行信贷、资本市场、科技保险等在内的多元化、多层次、多渠道的体系。

本书将所有科技金融政策分为财政科技投入政策、科技信贷与担保政策、科技资本市场政策、科技保险政策,以及综合性科技金融政策。

本书将科技金融政策分成五类,包括财政科技投入政策、科技信贷与担保政策、科技资本市场政策、科技保险政策,以及综合性科技金融政策,并对五类政策的经济效应进行比较分析,也考虑到政策的累积效应和时滞效应,突破了以往研究单一科技金融政策对区域经济或科技创新研究的局限,为科技金融政策效应的研究提供一种新的思路,也有利于为各类科技金融政策的制定提供有意义的参考。其具体定义划分如下:

(一)财政科技投入政策

财政科技投入政策是指政府通过拨款,发布政策,对相关资源进行整合,引导社会资金,并通过扶持科技企业、设立科技人才基金、科技型中小企业创新基金、确定科技项目等方式,将政策和资金都用于支持科技金融的发展。

(二)科技信贷与担保政策

科技信贷与担保政策主要是加强政府部门与银行业监管部门、银行、科技型中小企业、担保公司的合作关系,共同构建风险分担体系,整合科技资源,创造良好的科技金融生态。创造和制定银行对科技型企业的新的信贷支持方式和有关政策。通过以上方式,对扶持的部门、企业、产业或具体项目给予一定金额的贷款,促进相关产业发展,并通过有偿金融借贷这种方式,提高产业市场竞争力,促进其加强管理和经营。

(三)科技资本市场政策

科技资本市场政策是通过上市的方式来实现筹资的政策。经营公司的全部资本以股票形式进行分配,经批准后,可以流通和发行。对于潜力和能力都好的高技术产业上市,科技资本市场政策放宽了对创新型企业必须上市盈利的硬性条件规定,加大支持和优惠力度,提高相关的保护措施,加强资本市场监管。

（四）科技保险政策

科技保险政策是国家为了促进高新技术产业的发展，提出保险相关的优惠和支持政策。科技保险政策是指科技型中小企业和高新技术企业享受国家规定的税收优惠政策，对参加科技保险的企业给予科技项目优先立项的支持，对一部分相关科技金融银行给予风险补偿资金，对相关科技项目在资金和政策上予以支持。

（五）综合性科技金融政策

综合性科技金融政策旨在促进金融要素市场的发展，提高资源配置效率。政府发布相关综合性科技金融政策，充分发挥引导作用，鼓励民间资本进入科技金融相关行业，培育和发展创业投资，合理优化配置科技资源，让更多资源发挥作用。建立政府金融部门、财政部门、监管部门的协调管理机制，对各部门的信息进行充分合理的利用，减少资源浪费。加强创业投资行业自律与监管，共同构建良好的科技金融秩序。

五、现行科技金融政策体系

《国家中长期科学和技术发展规划纲要（2006—2020 年）》及其若干配套政策的制定与出台，为科技金融政策奠定了坚实基础。此后，中共中央相关部门和地方政府均出台了一系列的科技金融政策。科技金融政策的基本要点和方向通常包括：一是大力培育和发展服务科技创新的金融组织体系；二是加快推进科技信贷产品和服务模式创新；三是拓宽适合科技创新发展规律的多元化融资渠道；四是探索构建符合科技创新特点的保险产品和服务；五是加快建立健全促进科技创新的信用增进机制；六是进一步深化科技和金融结合试点；七是创新政策协调和组织实施机制。

我国科技金融政策制定的基本思路是：尊重松散企业通道，发挥政策性金融的引导、规范、激励和保障功能。科技金融是一项庞大的社会系统工程，贯彻一个国家或地区的科技规划、金融政策、产业政策，涉及不同部门的职能转化。从更广泛的视野来看，科技金融还涉及制度和文化层面。应从政策制定角度，构建政府调控、市场引导、行业自律、科技企业和金融机构等各方主体参与的科技金融政策框架（见附表1-1）。

附表1-1 我国科技金融政策法规体系

序号	主要的科技金融政策	颁布部门	颁布时间	主要内容
1	《国家中长期科学和技术发展规划纲要（2006—2020年）》	国务院	2006年	实施促进创新创业的金融政策
2	实施《国家中长期科学和技术发展规划纲要（2006—2020年）》的若干配套政策	国务院	2006年	加强政策性金融对自主创新的支持 引导商业金融，支持自主创新 改善对中小企业科技创新的金融服务 加快发展创业风险投资事业 建立支持自主创新的多层次资本市场 支持开展对高新技术企业的保险服务 完善高新技术企业的外汇管理政策
3	《促进科技和金融结合试点实施方案》	科技部、中国人民银行、中国银监会、中国证监会、中国保监会	2010年	科技部、中国人民银行、中国银监会、中国证监会、中国保监会决定联合开展"促进科技和金融结合试点"
4	《国家科技成果转化引导基金管理暂行办法》	财政部、科技部	2011年	加速推动科技成果转化与应用，引导社会力量和地方政府加大科技成果转化投入，中央财政设立国家科技成果转化引导基金
5	关于促进科技和金融结合加快实施自主创新战略的若干意见	科技部、财政部、中国人民银行、国务院国有资产监督管理委员会、国家税务总局、中国银监会、中国证监会、中国保监会	2011年	一、充分认识科技和金融结合的重要意义 二、优化科技资源配置，建立科技和金融结合协调机制 三、培育和发展创业投资 四、引导银行业金融机构加大对科技型中小企业的信贷支持 五、大力发展多层次资本市场、扩大直接融资规模 六、积极推动科技保险发展 七、强化有利于促进科技和金融结合的保障措施 八、加强实施效果评估和政策落实

序号	主要的科技金融政策	颁布部门	颁布时间	主要内容
6	科技部关于进一步鼓励和引导民间资本进入科技创新领域的意见	科技部	2012年	进一步鼓励和引导民间资本进入科技创新领域，提升民营企业技术创新能力、促进民间投资和民营企业健康发展
7	中共中央、国务院《关于深化科技体制改革加快国家创新体系建设的意见》	中共中央、国务院	2012年	促进科技和金融结合，创新金融服务科技的方式和途径
8	《国务院办公厅关于金融支持经济结构调整和转型升级的指导意见》	国务院办公厅	2013年	更好地发挥金融对经济结构调整和转型升级的支持作用，更好地发挥市场配置资源的基础性作用，更好地发挥金融政策、财政政策和产业政策的协同作用，优化社会融资结构，持续加强对重点领域和薄弱环节的金融支持，切实防范化解金融风险
9	中共中央、国务院《关于深化体制机制改革加快实施创新驱动发展战略的若干意见》	中共中央、国务院	2015年	强化金融创新的功能，发挥金融创新对技术创新的助推作用，培育壮大创业投资和资本市场，提高信贷支持创新的灵活性和便利性，形成各类金融工具协同支持创新发展的良好局面
10	《中华人民共和国促进科技成果转化法》	全国人民代表大会	2015年	打通科技与经济结合通道，从法律层面创新主体转移转化科技成果
11	《推进普惠金融发展规划（2016—2020年）》	国务院	2016年	从国家层面确立普惠金融的实施战略
12	《国家创新驱动发展战略纲要》	中共中央、国务院	2016年	国家创新驱动发展纲要的系统谋划和顶层部署
13	《关于深化投融资体制改革的意见》	中共中央、国务院	2016年	坚持企业投资核准范围最小化，原则上由企业依法依规自主决策投资行为；探索建立并逐步推行投资项目审批首问负责制；探索建立多评合一、统一评审的中介服务新模式
14	国务院关于印发"十三五"国家科技创新规划的通知	国务院	2016年	完善科技与金融结合机制，大力发展创业投资和多层次资本市场
15	《关于构建绿色金融体系的指导意见》	中国人民银行、财政部、国家发展改革委、环境保护部、中国银监会、中国证监会、中国保监会	2016年	支持我国经济向绿色化转型，促进环保、新能源、节能等领域的技术进步，加快培育新的经济增长点，提升经济增长潜力

序号	主要的科技金融政策	颁布部门	颁布时间	主要内容
16	《国务院办公厅关于推广支持创新相关改革举措的通知》	国务院办公厅	2017 年	推广 3 项科技金融创新、5 项创新创业政策环境改革、2 项外籍人才引进改革、3 项军民融合创新改革
17	《关于推动民营企业创新发展的指导意见》	科技部、中华全国工商业联合会	2018 年	针对民营中小微企业融资难、融资贵问题，发展完善科技金融，形成科技创新与创业投资基金、银行信贷、融资担保、科技保险等各种金融方式深度结合的模式和机制，为民营中小微企业营造良好投融资环境。鼓励有影响、有实力的民营金融机构，通过设立创业投资基金、投贷联动、设立服务平台开展科技金融服务等方式，为民营中小微企业提供投融资支持
18	《关于进一步推进中央企业创新发展的意见》	科技部、国务院国有资产监督管理委员会	2018 年	主要目标是建立特色鲜明、要素集聚、活力迸发的中央企业创新体系；突破一批核心关键技术，在若干重点产业领域形成一批具有国际影响力和竞争力的创新型中央企业；取得一批对国家经济社会发展具有重要作用的创新成果，推动高质量发展，为我国建成创新型国家和现代化经济体系提供强有力的支撑
19	《国务院办公厅关于全面推进金融业综合统计工作的意见》	国务院办公厅	2018 年	加快推进金融业综合统计，是有效监测金融服务实体经济成效、提高服务效率的关键信息基础，是前瞻性防范化解系统性金融风险、维护金融稳定的迫切需要，是全面深化金融体制改革、建立现代金融体系的重要举措
20	《关于进一步深化小微企业金融服务的意见》[第（一）条]	中国人民银行、中国银行保险监督管理委员会、证监会、国家发展改革委、财政部	2018 年	继续实施稳健中性的货币政策，保持货币信贷总量合理稳定增长，为小微企业融资发展提供良好金融环境。综合运用公开市场操作、中期借贷便利等货币政策工具，为金融机构发放小微企业贷款提供流动性支持
21	《关于进一步深化小微企业金融服务的意见》[第（十二）条]	中国人民银行、中国银行保险监督管理委员会、证监会、国家发展改革委、财政部	2018 年	加大金融科技等产品服务创新。银行业金融机构要加强对互联网、大数据、云计算等信息技术的运用，改造信贷流程和信用评价模型，降低运营管理成本，提高贷款发放效率和服务便利度。支持开发性、政策性银行以转贷形式向银行业金融机构批发资金，建立单独的批发资金账户，实行台账管理，确保资金专门用于支持小微企业。创新开展知识产权、仓单、存货等抵质押融资业务

序号	主要的科技金融政策	颁布部门	颁布时间	主要内容
22	《关于扩大国有科技型企业股权和分红激励暂行办法实施范围等有关事项的通知》	财政部、科技部、国务院国有资产监督管理委员会	2018年	将国有科技型中小企业、国有控股上市公司所出资的各级未上市科技子企业、转制院所企业投资的科技企业纳入激励实施范围。对于国家认定的高新技术企业不再设定研发费用和研发人员指标条件
23	《国务院关于推动创新创业高质量发展打造"双创"升级版的意见》	国务院	2018年	引导金融机构有效服务创新创业融资需求、充分发挥创业投资支持创新创业作用、拓宽创新创业直接融资渠道、完善创新创业差异化金融支持政策，进一步完善创新创业金融服务
24	《国务院办公厅关于推广第二批支持创新相关改革举措的通知》	国务院办公厅	2018年	在改革试验区和全国推广知识产权保护、科技成果转化激励、科技金融创新、军民深度融合和管理体制创新等方面的23项举措。其中科技金融创新方面的5项举措分别是区域性股权交易市场设置科技创新专板，基于"六专机制"的科技型企业全生命周期金融综合服务，推动政府股权基金投向种子期、初创期企业的容错机制，以协商估值、坏账分担为核心的中小企业商标质押贷款模式，创新创业团队回购地方政府产业投资基金所持股权的机制
25	《关于加强金融服务民营企业的若干意见》	中共中央办公厅、国务院办公厅	2019年	坚持公平公正、聚焦难点、压实责任、标本兼治四项基本原则，通过综合施策，实现各类所有制企业在融资方面得到平等待遇，确保对民营企业的金融服务得到切实改善，融资规模稳步扩大，融资效率明显提升，融资成本逐步下降并稳定在合理水平，民营企业特别是小微企业融资难、融资贵问题得到有效缓解，充分激发民营经济的活力和创造力
26	《关于开展财政支持深化民营和小微企业金融服务综合改革试点城市工作的通知》	财政部、科学技术部、工业和信息化部、中国人民银行、中国银行保险监督管理委员会	2019年	中央财政通过普惠金融发展专项资金支持奖励试点城市；择优确定试点城市，更好发挥统筹资源、优化平台、创新服务的作用；完善绩效评价指标以及结果运用；明确各级分工，不定期召开联席会议，加强沟通与信息共享，构建有效高效的工作机制

续表

序号	主要的科技金融政策	颁布部门	颁布时间	主要内容
27	《关于扩大战略性新兴产业投资培育壮大新增长点增长极的指导意见》	国家发展和改革委员会、科学技术部、工业和信息化部、财政部	2020年	聚焦重点产业领域，着力扬优势、补短板、强弱项，加快适应、引领、创造新需求，推动重点产业领域形成规模效应；打造集聚发展高地，充分发挥产业集群要素资源集聚、产业协同高效、产业生态完备等优势，利用好自由贸易试验区、自由贸易港等开放平台，促进形成新的区域增长极；增强要素保障能力，按照"资金跟着项目走、要素跟着项目走"原则，引导人才、用地、用能等要素合理配置、有效集聚；优化投资服务环境，通过优化营商环境、加大财政金融支持、创新投资模式，畅通供需对接渠道，释放市场活力和投资潜力
28	《关于支持中央企业发行科技创新公司债券的通知》	中国证券监督管理委员会、国务院国有资产监督管理委员会	2022年	一、健全科技创新金融服务支持机制 二、发挥中央企业创新引领支撑作用 三、增强促进实体经济创新发展合力
29	《关于开展科技金融"一体两翼"助力企业创新能力提升行动的通知》	科学技术部、中国银行	2022年	切实加大金融对企业创新、产业创新、区域创新的支持力度，促进技术要素、资本要素、人才要素、数据要素深度融合，促进科技、产业、金融良性循环，支持科技企业"出海"，支持科技企业精准融资，支持科技领军企业做大做强，推动设立科技创新协同发展母基金，支持建设科技金融服务示范机构，支持高水平科技成果产业化及科技创业，支持国家高新区完善创新生态
30	《关于加强现代农业科技金融服务创新支撑乡村振兴战略实施的意见》	科学技术部、中国农业银行	2022年	一、高度重视现代农业科技金融服务工作 二、建立政银"双向多级联动"工作机制 三、加大现代农业科技信贷支持力度 四、支持国家科技计划项目实施和成果转化 五、重点支持种业科技创新和种业企业高质量发展 六、助力国家农业科技园区建设 七、加快推动县域创新驱动发展 八、扶持新型研发机构和科技企业加快成长 九、多措并举做好综合服务

序号	主要的科技金融政策	颁布部门	颁布时间	主要内容
31	《关于开展"携手行动"促进大中小企业融通创新（2022—2025年）的通知》	工业和信息化部、国家发展和改革委员会、科学技术部、财政部、人力资源和社会保障部、中国人民银行、国务院国有资产监督管理委员会、国家市场监督管理总局、中国银行保险监督管理委员会、国家知识产权局、中华全国工商业联合会	2022年	一、以创新为引领，打造大中小企业创新链 二、以提升韧性和竞争力为重点，巩固大中小企业产业链 三、以市场为导向，延伸大中小企业供应链 四、以数字化为驱动，打通大中小企业数据链 五、以金融为纽带，优化大中小企业资金链 六、以平台载体为支撑，拓展大中小企业服务链 七、以队伍建设为抓手，提升大中小企业人才链

第二章　相关理论与文献综述

第一节　金融与科技创新关系的经典理论

一、马克思关于资本积累与技术进步关系的论述

在马克思著作里虽然没有提到"技术创新"概念，但已经包含了技术创新的思想，主要体现在马克思在《资本论》里提到的"资本技术构成"的概念，马克思指出，"资本技术构成"是"建立在技术基础上的，它在生产力的一定发展阶段可以看作是已定的"。它是在特定技术水平下由劳动过程中的人力资本和物质资本比例构成的，反映的是特定产业技术水平的高低。可以说，资本技术构成水平是对特定产业技术水平进步的一种量化。关于资本与技术水平进步的关系，马克思认为，技术水平的提高离不开资本积累，因为资本积累有利于技术水平的不断进步和提高，资本积累越快，就越有能力增加新设备和新技术的资本投入，越有利于产业技术进步和促进劳动生产率的不断提高，进

而加快产业升级和转型的步伐。技术水平的不断提高又可以不断增加资本积累，两者最终形成一个良性互动的关系。

二、熊彼特的金融与技术创新理论

熊彼特在其《经济发展理论》中首次提出了创新概念和思想。他认为，创新"通常源于生产者行为的变化"，包括五种情况："（1）引进新产品或一种新产品的新特性；（2）采用新技术，即新的生产方法；（3）开辟新的市场；（4）征服或控制原材料或半成品的新的供给来源；（5）实现企业新的组织。"熊彼特认为，创新是企业家的职能，通过创新能实现最大限度地获取超额利润的目标。关于金融创新与技术创新的关系，熊彼特对信贷和资本在创新过程中的重要作用作出深刻的分析和论述。他认为在资本主义社会，信贷使经济体系进入了新的渠道，使资本主义生产手段以特殊方法服务于新的生产目的；使经济生活中富有才智的个人，在某种程度上不依靠继承财产而独立行事，最后走向成功；没有信贷，就没有现代工业体系的创立；信贷对于创新的实现与否是至关重要的，因为信贷"为了实现新组合，提供资金"。银行信用在创新过程中的作用就在于"通过银行信用来创造购买力"。总之，金融部门创新的重要作用在于激发了企业家的技术创新行为和企业家精神。

三、金融创新与技术创新理论

20世纪70年代，麦金农（McKinnon）和肖（Shaw）创立了金融深化理论，两人从不同的角度考察了发展中国家在金融发展过程中存在的特殊性，认为发展中国家存在着政府过多干预金融体系和金融活动的情况，而政府过多干预会对金融体系的发展产生压制，并阻碍经济的进一步发展，形成金融抑制与经济落后的恶性循环。如果政府放弃对金融活动的干预，就会形成金融发展与经济发展的良性循环。在关于金融活动对技术创新推动作用的论述方面，他们强调金融体系通过资本积累，将资金提供给最有可能开发出新产品并投入生产的企业，最终通过推动技术创新促进经济社会的发展。"在信贷充足的地方，放款和借款的高利率，会产生一种经济发展所需要的动力，它会促发新的储蓄，改变低效率投资，从而推动技术改造"。金融体系将资金配置给最有可能成功开发新产品并投入生产的企业。

四、企业生命周期理论

企业生命周期理论将企业看成是有生命周期的，也同样要经历诞生、成长壮大、衰退乃至灭亡的过程，而且在周期的不同阶段会表现出某些相同的特征。其中从企业规模和管理两个方面对企业发展各阶段特征进行描述，并提出的五个阶段成长模型，将企业成长周期分为创立、生存、发展、起飞和成熟五个阶段，企业各个发展阶段的融资需求分别具有各自的特点。企业在创立阶段，一般通过依靠政府资助资金、企业自有资金、风险投资等金融资源谋求企业的发展。当企业进入成长阶段以后，随着企业自身规模的不断扩大和固定资产规模的不断增加，企业融资将主要采取银行贷款和风险投资方式。在企业进入成熟阶段后，企业的收入和利润迅速增加，其发展规模也在不断扩大，这时企业主要通过银行贷款、债券融资和上市融资等融资渠道解决发展所需资金问题。

五、信息不对称理论

信息不对称理论产生于 20 世纪 70 年代，是微观经济学研究市场对经济行为的影响及其结果的核心内容之一，主要用来说明信息的不对称分布对于市场上双方交易行为和市场运行效率所产生的一系列重要影响。20 世纪 80 年代，信息不对称理论被引入金融市场的研究领域。阿克尔洛夫（Akerlof, 1970）通过他建立的"柠檬市场"模型说明了市场不对称导致的结果。他指出，在大多数情况下，旧车交易市场上存在着信息不对称的情况，卖主比买主具有掌握更多旧车信息的优势，卖主通过以次充好的手段满足低价位的旧车买主，导致质量高于平均水平的卖者退出交易，只有质量低的卖者才会进入市场。最终使旧车市场上旧车质量越来越差，买方利益受损，使旧车市场难以为继。斯蒂格利茨将信息不对称这一理论应用到保险市场，他指出，由于被保险人与保险公司之间的信息不对称，客观上造成一般车主在买过车险后疏于保养，使保险公司负担沉重。

由于信息不对称导致的逆向选择问题，降低了市场交易的质量和效率。在现代金融市场中具体表现为具有信息优势的贷款企业由于隐瞒了不利信息而出现骗贷等问题，最终结果是处于信息劣势的银行积累了大量的呆账和坏账。这种现象在广大发展中国家尤为常见。

第二节　相关国内外文献综述

一、科技金融政策的相关研究

金融对科技创新起支撑作用是众多学者的共识。戈德史密斯（1994）详细论述了金融结构和经济增长。在提供中介服务的过程中，金融机构作为市场参与者将分化为金融市场主导型和资本市场主导型两类金融机构，两者在储蓄和投资上有各自的特点，随着金融工具的创新，主体间金融活动将更加活跃，而通过合理配置资金，企业的科技项目投资将逐步增加，促进科技创新。麦金农（1997）曾提出"金融抑制"和"金融深化"理论，并认为金融应服务于实体经济。Alessandra 和 Stoneman（2008）研究发现金融支持对科技创新贡献巨大，在小微企业和高新技术产业领域的科技创新中金融支持作用尤其明显。赵昌文等（2009）提出科学技术作为"第一生产力"与金融作为"第一推动力"要相互结合。Atanassov（2007）认为拥有多种融资方式自由权的公司的科技创新能力优势更加显著，说明金融对于公司的科技创新能力有显著影响。良好的金融系统通过对资源进行跨期转移、风险管理、信息提供、激励设计等，能够促进科技创新的长期化、持续化和稳定化。Tadesse（2005）认为良好的金融体系能够向技术创新体系提供技术创新所需要的大规模投入融资，资本市场通过为技术创新投资者提供长效性的激励功能、分散风险和共享机会，从而长期、稳定促进科学创新行为。黄国平和孔欣欣（2009）认为国家需要建立完善的金融支持体系以促进科技创新。金融体系不仅可以为科技创新提供规避、防范和化解新风险的手段和渠道，还可以通过发挥金融中介功能，降低信息成本来促进科技创新。谢婷婷（2017）提出各金融机构支持发展科技金融，将科技创新与金融发展共同作用于产业结构升级。

（一）科技金融政策的制定和分类

各学者从不同的层面探究了科技金融政策制定等方面的问题。Alessandra和Stoneman（2008）从欧盟层面对科技金融进行研究发现，金融因素确实对创新活动产生影响，且这种影响在高科技部门和中小企业中更为明显。贾帅帅（2023）指出金融创新和科技创新的耦合是经济长期增长的重要动力之一，科技金融是金融资源促进科技创新发展的有效手段，通过比较多国科技金融支持科技企业创新发展路径，为提升科技金融政策成效提供借鉴。唐五湘、饶彩霞等（2013）从国家层面进行了研究，认为政府应组建科技金融大部门，增强科技金融政策体系的凝聚力和协调性，要以科技金融环境政策和市场化政策为支柱，形成自上而下、有机统一的政策体系。除此以外，还有学者从中观（即省市）层面进行了探究。安琴等（2018）以广东省为例进行金融法政策的文本分析得出结论，即相关部门要结合本省市的科技金融发展现状制定并实施促进科技金融发展的配套政策，灵活运用政策工具，平衡政策的作用面。同样以广东省为例，赵公民等（2019）认为要积极调整政策结构，加快制定出台对应的监督和退出政策，完善"通用政策+专用政策"的多维度政策族群。从城市层面，孙龙和雷良海（2019）、赫文宁和雷良海（2020）认为要重视"政出多门"带来的一系列问题。同时，政策制定应注重"顶层设计"和"扁平化设计"相结合，加强各政策工具间的协同作用，提高政策的可操作性和系统性。除此以外，赫文宁和雷良海（2020）还认为要加强科技金融服务平台建设，鼓励多元化的科技创新模式开发。从科技园区等微观层面来看，李兴伟（2011）建议按照积极培育市场并弥补市场不足的原则建设中关村科技金融内循环体系的立体网络，这就要求各要素要合力发挥有效作用、积极发展服务中小企业的政策性金融机构以及建立完善的信息共享等机制体制。刘姿媚和谢科范（2016）通过对武汉东湖国家自主创新示范区相关内容的分析，提出科技金融等相关政策通过聚集人才与资金要素、提高知识产权保护水平、促进知识成果商品化和市场化等方式，助力创新主体的科技创新活动，有效引导和推动了创新驱动战略的实施，提高了区域创新能力和经济发展水平。

除了对科技金融政策制定等问题进行研究外，学者们还从科技信贷、财政、股权、担保、保险等方面对科技金融政策进行了分类。Sunil（2004）将其分类为研究资助、税收激励和风险投资。赵昌文等（2009）提出了"工具论"，认为科技金融是促进科技开发、成果转化和高新技术产业发展的一系列金融工具、金融制度、金融政策与金融服务的系统性、创新性安排。张明喜（2013）着重探讨科技金融的财政政策和税收政策的支持问题。

（二）科技金融政策的文本研究

唐五湘等（2013）、程翔（2018）以及赵公民等（2019）基于文本分析、扎根理论、文献计量等主要的定量分析方法对科技金融政策进行了系统分析，对于科技金融政策的发展、演进以及存在的问题等多方面内容进行了总结。唐五湘、饶彩霞等（2013）基于文本分析从分类统计视角对政策作用面演进情况进行分析，发现政策重心正从环境面转向以需求面为主，需求面政策呈井喷式增长，而供给面政策最少。曲昭等（2015）和张玉娟等（2017）借助文献计量方法从政策数量、类型以及发文部门等角度进行分析，认为理论、实践和政策三者是相辅相成的，缺一不可。黄萃（2015）从政策词频分析与知识图谱研究视角，发现不同领域的科技创新政策聚焦点发生了迁移演化，如技术研发领域，早期重视技术改造、服务工农业生产、加强科学技术的计量标准等基础设施转变为发展战略性高技术、鼓励高新技术产业化，最终迁移为增强自主创新力等。孙龙和雷良海（2019）从政策手册量化视角分析，发现政府应注重财政政策差异化设计、部门间协调配合、信息渠道建立、政策组合运用以及政策法律关系厘清等，从政策功能实现角度解决现实问题，以提高科技成果转化效率。黄新平等（2019）从政策工具与作用场域视角出发，提出我国科技金融政策在支持手段、支持对象、政策目标和管理规范四个领域发生了显著的政策主体变迁，并发现了构成我国科技金融政策演进的动力机制。杨凯瑞（2021）发现我国促进科技金融发展的政策工具选择中存在部门规章层面政策工具过多等问题，并提出了相关建议。

（三）科技金融政策的作用渠道

科技金融政策发挥作用的渠道主要分为三个层面：第一，政府层面。科技金融政策主要体现为政府的财政政策工具，包括成果奖励资助、税收优惠等较为明确的政策手段。韩凤芹和罗珵（2018）认为科技金融将成为科技财政治理机制参与国家治理结构的重要工具手段。孙龙和雷良海（2019）研究发现财政支持科技成果转化的着力点是财政金融结合扶持、科技中介平台建立、人才培养引进激励、科技成果权属改革和知识产权保护，且财政支出政策和财政收入政策对企业有一定的影响。王文静（2020）提出通过提高财政科技支出的效率影响科技金融政策的效率，且财政资金的使用应注意无偿与有偿相结合、事前与事后相结合，明确财政资金的退出方式和时机。第二，金融机构层面。科技金融政策主要表现为各类金融机构发行的一些金融工具，如科技信贷、科技保险和担保、各类金融债券。融资难制约中小企业发展的关键问题，通过科技信贷可以很好地解决这一问题，并且吴凤菊（2015）的研究表明科技型中小企业的融资渠道不断增多，如科技保险和担保，除了以上的金融工具外，科技型中小企业还可以通过技术创新基金、各种金融债券等方式获得融资。第三，社会层面。主要体现为创新风险投资和天使投资促进科技金融的发展。赵丹妮（2015）认为创新风险投资多集中于对科技企业的投资，尤其是支持青年创建高新技术产业。徐玉莲等（2022）研究发现科技企业为获得融资付出的事前努力成本、风险投资机构与商业银行投资后的监督管理成本的高低对三方结成科技金融网络有重要影响。陈永发（2019）研究了天使投资对科技型初创企业的影响因素、重要价值等问题，提出政府的引导对科创型初创企业的天使投资具有无可取代的重要性，在科技金融服务中心模式中的政府职能值得在全国范围内进行推广。

（四）科技金融政策的经济效应研究

科技金融政策经济效应的研究主要集中在以下三个方面：第一，科技金融政策有利于促进企业的资源配置效率，但对不同企业资源配置效率的影响程度不同。成海燕等（2020）研究发现各分项政策效率由高到低排序依次为财政补贴、金融监管、服务平台、税收优惠、科技保险、风险投资、科技担保、科技信贷政策。政策资源配置在不同产权类型、注册资本、行业类型、员工规模、资质类型、成立年限和年营业收入之间的均衡程度不同。政策激励偏重于创业明朗期和成熟期实力雄厚的企业、区级高技术企业以及国家战略扶持或市场需求较强行业，对创业危险期和成长转型期企业、市级高技术企业、风险较高行业激励性较弱。第二，科技金融政策有利于促进企业的创新效率，具体来说，可以通过地方金融发展效率改善、政府科技支出占比提高促进地区创新水平的提升（马凌远和李晓敏，2019）。刘湘云和吴文洋（2017）和陈非等（2019）以广东省为研究对象，发现科技金融政策影响企业创新效率，企业创新效率影响高新技术产业发展，三者之间存在紧密联系。豆士婷等（2021）研究发现科技政策对企业创新数量、创新质量均具有激励作用，对不同规模的企业的激励效果存在差异等。第三，科技金融政策有利于增加企业的科技产出，促进企业高水平发展，从而促进我国经济高质量发展。程翔等（2020）研究发现科技金融政策对企业科技产出有着明显的正向促进作用。苑泽明等（2018）认为在科技金融政策制定和执行方面，要在进一步加强政策扶持力度、提高政策落实比率的同时，注意平衡政策投入在不同行业、不同所有权性质的科技型中小企业之间的比重，注意引导创新投入由人力投入向经费投入倾斜，促进工艺升级、设备换代以实现技术改革，提高创新效率，进而促进企业高水平发展。谷慎和汪淑娟（2018）研究发现科技金融投入确实能够提升我国经济增长质量，但要注意经济增长质量效应存在的时空异质性。

二、空间相关性与空间溢出效应的研究

区域经济研究中对空间相关性的认识以及将空间因素引入实证分析，改变经典经济学数据无关联和均质性的假定，更加符合客观事实（Anselin，1988）。

对于空间相关性的研究，其中 Krugman（1995）分析了制造业集聚、需求分布、运输成本和规模经济等因素对核心—外围格局的影响；吴玉鸣和徐建华（2004）运用 Moran I 指数法以及时空数据模型分析省域经济增长集聚及其影响因素，得出省域经济增长具有明显的空间依赖性，且在地理空间上存在集聚现象；李红锦等（2019）分析高校创新产出的影响因素及空间溢出效应，研究发现高校创新产出呈较明显的梯度分布规律，具有正向空间相关性，且高创

新产出区域的影响呈增强趋势；张娜和吴福象（2019）研究发现"一带一路"国内段节点城市的创新水平呈现出空间差异逐渐减小和空间相关性逐渐增强的趋势；温红梅等（2020）比较分析农村金融对农业经济增长的空间溢出效应，发现农业经济增长存在空间相关性且相关程度逐年递增；张学波等（2016）运用修正的 Conley-Ligon 模型与空间马尔可夫链分析法，发现经济发展水平和空间距离在空间上呈现出紧密相关的具有梯次性特征的核心—外围结构；黄漫宇和曾凡惠（2021）研究发现数字普惠金融和创业活跃度具有空间正相关性。

对于空间溢出效应的研究，潘文卿（2012）通过建立空间模型并引入考察区域间经济增长溢出效应的指标——市场潜能，来估计区域经济增长中空间溢出效应的大小；钟昌标（2010）通过建立空间动态计量模型实证分析跨国公司投资在投资地区内溢出和投资地区间溢出；刘建国（2010）研究东北三省 34 个地级市的城市效率，发现城市效率存在空间溢出效应，且有较强的空间依赖作用；刘和东（2013）研究认为地理特征和社会经济特征对区域创新溢出效应都有显著正的影响，地理特征的影响更大；叶茜茜（2016）基于 P2P 网贷数据的实证检验，发现互联网金融技术创新扩散呈现空间溢出效应；唐松（2014）运用空间计量模型分析东、中、西部地区金融资源配置与区域经济增长差异之间的关系，结果表明中国金融资源配置与区域经济增长差异之间存在不同程度的空间溢出效应；张学波（2016）运用修正的 Conley-Ligon 模型与空间马尔可夫链分析法，发现京津冀地区的县域间存在显著的空间溢出效应；孙志红和王红星（2018）运用空间计量模型实证分析西北五省金融集聚对经济增长的影响，发现金融集聚对经济增长有明显的正向溢出作用，其中引入的控制变量政府投资具有较明显的影响作用；于平和盖凯程（2017）通过对我国十大城市群金融发展的空间相关性和空间溢出效应进行实证分析，表明各城市群金融发展存在空间相关性和空间溢出效应，但溢出效应受限于地区间金融发展的不平衡而存在较大差异；吴荻等（2018）通过研究表明环境污染治理投资以及环境基础设施建设投资与区域对本地区及邻近区域产生溢出效应，且对邻近地区的正向经济溢出效应相比于对本地区 GDP 的贡献更为显著；赵善梅和吴士炜（2018）从全国、时间、区域等多层面实证分析资本回报率存在显著空间溢出效应，其中东部地区显著为正，中部地区显著为负，西部地区不显著；任阳军等（2019）研究分析高技术产业集聚及其空间溢出效应与绿色经济效率关系，发现高技术产业集聚提高了本地区的绿色经济效率，在区域间也存在显著的正向空间溢出效应；黄漫宇和曾凡惠（2021）研究发现数字普惠金融对创业活跃度的提高具有正向促进作用，且会产生空间溢出效应；庞庆华和陈隆缘（2021）研究认为金融势能和生态效率都呈"东高—西低"分布，并存在正向的空间自相关性，且金融势能对周边地区也存在溢出效应；汪小英等（2021）研究发现信息化水平和能源强度地区空间集聚现象十分显著，信息化对能源强度的影响呈现出显著的空间溢出效应。

三、政策协同的相关研究

政策协同可描述为政策协调、政策一致性和政策整合，其本质上要求各政策主体间相互支持、相互配合，最大限度地形成政策合力，并且为一些跨领域、跨部门问题的解决提供新思路，以避免政策间不兼容、不协调、政策对冲现象的出现。

学者从不同视角对政策协同进行的研究：①从政策主体视角方面，杜根旺和汪涛（2019）认为政策主体在政府权力的配置框架内可以在横向与纵向上进行协调，并在横向中存在合作与竞争；刘晓燕等（2020）认为政策主体具有层级性，层级政策协同对政策治理效果发挥着重要作用；薛泽林和孙荣（2016）认为政策协同机制建构需要结构和动力的双轮驱动，明确政策协同网络中各个主体之间的权责，理顺协同网络中政治和执行中心的关系，有助于构

建起完整的政策协同网络并促进治理势能的传导与效果；谢斌和杨晓军
（2023）认为通过主体协同共治、内容衔接共通和机制协同互促的方法可以用
来促进有效协同。②从政策目标视角方面，刘雪凤和高兴（2014）认为必须
使政策目标加强协同，减少显性目标与隐性目标之间的冲突以此减少政策效能
的内耗。③从政策系统视角方面，杨晨和王杰玉（2016）从政策系统视角对
知识产权政策协同进行分析，提出可以建立协同机制促进知识产权政策协同，
实现知识产权政策有效性提升。④从区域间政策视角方面，鄞益奋（2007）
认为政策行动者的利益关系是利益多元抑或利益联盟，是反多元主义者与多元
主义者对于政策过程理解的基本分歧；刘华和周莹（2012）认为各种政策之
间的冲突与效能抵消造成系统内耗，致使政策系统整体效能降低；冯锋和汪良
兵（2011）认为协同性的科技政策将对区域科技政策绩效起到明显的提升作
用，也将更加科学有效地指导和协调区域科技与经济的发展。⑤从政策部门视
角方面，彭纪生（2008）运用计量模型来客观评估中国科技政策，发现政府
不同部门在技术创新目标取向上的政策协同显示出显著的阶段性特征，且随着
国家对技术的高度重视，政策协同程度也在迅速提高；仲为国等（2009）利
用扩展的柯布—道格拉斯生产函数研究了政策协同与技术绩效之间的关系，得
出政策力度能够促进技术绩效的增长，而政策部门之间的协同对技术绩效的影
响具有显著差异的结论；郑新业（2019）等指出同级政府内部不同部门之间
的政策目标和职能存在交叉，即使没有正式协调制度，部门之间也存在政策工
具的互动，并对资源配置有重大影响。⑥从政策效果视角方面，权泉（2015）
通过政策措施和政策目标两个角度，检验了我国商贸流通业的政策协同效果，
发现我国商贸流通业各项政策措施之间、各项目标之间总体上协同性较好，局
部弱协同也存在，保持了协同关系高低配合；苑泽明等（2018）认为政策执
行是政策协同的关键环节，具有主体多样性和动态复杂性；吴开明（2009）
提出通过构建完备的政策执行控制主体体系、优化政策执行控制的制度安排、

构建立体无障碍的信息沟通系统、提高控制主体的觉悟水平和能力保障来解决政策执行偏差问题；温美荣和王帅（2021）认为政策供给目标、政策供给方式和政策供给内容等方面在多个维度和层级都具有政策协同性；黄栋（2021）指出"自上而下"和"自下而上"的条块关系的政策协同是国家治理模式得以稳定运行的前提；吴文强（2021）从三个方面分析政策协调失灵的原因，指出政府内生的协调机制本身存在一定的局限性；李冬琴（2022）认为提高创新政策的协同有助于促进中国专利授权量的增长；赵晶等（2022）认为政策协同显著正向影响企业自主创新，政策主体协同和政策工具协同分别通过政府层网络与企业层网络发挥影响；肖红军等（2023）指出央地产业政策协同性对企业绿色技术创新产生显著的正向影响，而央地产业政策不协同对企业绿色技术创新产生显著的抑制效应。

从不同的政策对政策协同进行的研究：①在货币与财政政策方面，王延杰（2015）认为只有实现财政金融政策协同配合，才有利于实现对大气污染的源头治理、过程治理和结果治理；杨源源等（2019）认为政府宏观调控应采用主动型货币政策和被动型财政政策为主的协调配合范式；李戎和刘力菲（2021）认为货币政策的协调配合能够显著提升财政政策的经济刺激效果，产生财政拉动效应；张晓燕（2021）认为构建有效协调的宏观调控新机制，必须健全货币政策和宏观审慎政策双支柱调控框架；邓创和王一森（2022）认为建立健全财政政策与货币政策之间的协调机制，可以更好地应对内外部金融冲击，实现经济与金融的协调稳定发展；徐枫等（2022）认为实现碳中和目标必须加快构建"政府+市场"耦合机制下的财政金融政策协同体系，在宏观层面加强顶层设计，形成财政金融协同的"共同纲领"；马勇和吕琳（2022）利用DSGE模型分析了货币政策、财政政策和宏观审慎政策的最优反应规则及其协调组合问题，得出在多种经济金融政策并存的情况下，基于良好设定的政策规则，同时加强政策各部门之间的协调合作，是确保多元政策产生积极合力的重要基础的结论；李旭红（2023）认为应该加强财政政策与货币、产业、科技及社会政策的有效配合，形成合力效应，发挥促进经济发展效能。②在社会保障政策方面，周小刚等（2010）指出实施一元化户籍改革存在诸多社会政策协同难点，提出要完善与户籍改革相适应的社会政策协同机制。③在新兴产业政策方面，夏林（2016）指出政策操作方式应注重协调性，中央政府与地方政府在战略性新兴产业发展的政策选择方面，必须要明确各自的重点，借助于分工与协作大力促进战略性新兴产业的发展；王海和许冠南（2017）指出企业创新单纯依靠供给型政策的推动是不够的，供给型政策并不能产生显著为正的刺激作用，需要加强供给型、环境型政策的协同管理，二者优势互补、规划合作才能产生更好的绩效。④在节能减排政策方面，张国兴等（2014）在分析节能减排政策目标协同的演变过程中指出，政策目标间的协同程度逐渐增强，不同政策目标在实现过程中的协同状况也逐渐得到改善；张国兴等（2015）分析了我国节能减排政策的协同状况，指出我国各节能减排政策措施、目标之间均呈现出良好的协同。⑤在农民养老政策方面，沈苏燕和李放（2010）以我国农民养老政策系统作为研究对象，以协同学作为理论工具，从相变、序参量和自组织三个方面研究农民养老政策的协同性特征。⑥在知识产权政策方面，杨晨和王杰玉（2016）发现知识产权政策协同的本质是政府职能部门共同解决"创新+知识产权+产业"这一跨界问题而实现各政策系统之间的整合协同。

四、文献述评

目前国内外学界对科技金融政策以及空间溢出效应的研究已取得了一定成果，但从理论性和应用性上还存在以下三点不足：第一，科技金融政策体系的定量化评价与地区间差异分析的研究很少。科技金融政策的差异体现在政策本身和政策作用效果两个方面，只有建立在对现有科技金融政策文本定量化分析基础上的评价指标体系与实证分析才更有现实基础和意义。第二，现有研究大都集中在科技金融政策的经济效应层面，缺乏从时间与空间视角对科技金融政策效率的立体研判，更未对影响科技金融强度和效率的深层次因素进行针对性分析，在使用空间方法对科技金融政策的溢出效应的研究方面更是空白。第三，缺乏京津冀地区科技金融政策协同的策略研究。科技金融在京津冀地区的发展呈现出明显的地区不均衡，在京津冀协同发展上升为国家战略的背景下，有必要在科技金融政策层面为京津冀经济发展空间布局和协同机制构建方面提供有益的思路。

第三章 京津冀科技金融政策的
文本量化

京津冀地区作为中国北方经济金融规模最大、最具活力的地区，在金融业促进科技创新方面独具优势。京津冀地区各级各类政府近年来出台了一系列科技金融支持政策，这些政策发展演进和引导方向如何？科技金融政策制定的主体是否能够协同施政？科技金融政策的主要着力点在哪些领域？这些都是实现京津冀地区科技金融政策协同发展亟须关注和探讨的问题。

第一节 科技金融政策文本统计方法

京津冀地区科技金融政策文本是本书的数据收集对象，收集的范围为该地区 20 多个政府部门单独或共同颁布的与科技金融相关的政策，运用中国法律检索系统——北大法宝，通过设定"科技金融""技术创新""科技贷款""风险投资""孵化器""政府购买"等 17 个关键词作为法规全文检索词，时间跨度从 2005 年至 2017 年进行检索。在对收集到的政策进行筛选与剔除后，最终纳入研究样本的科技金融政策共计 736 项，其中北京市 233 项、天津市 302 项、河北省 201 项。

第二节　政策文本的文本量化

一、政策数量

北京市颁布的科技金融政策数量自 2005 年以来呈现出的颁布数量较多、频率较高、波动性较大的特点。13 年间累计发文 233 项，年均发文数量约为 17.92 项，2011 年出现"井喷式"增加，数量达到 41 项，之后的数量有所下降，但仍高于 2011 年前的水平。天津市的科技金融政策在 2005~2017 年度颁布数量较多、频率较高、先升后降。13 年间累计发文 302 项，年均发文数量约为 23.23 项，并于 2013 年达到峰值，随后出现了较为明显的回落趋势。河北省颁布的科技金融政策在 13 年中累计达到 201 项，且绝大部分是在 2011 年后颁布的，达到 157 项，占政策总量的 77%。

京津冀三省（市）的科技金融政策文本数量汇总以及变化趋势如图 3-1 所示。图中表明：首先，京津冀三地的政策文本总量差距不大，政策文本数量的峰值均为 40 项以上，趋近等同。2011 年之前三地政策数量差距较小，2011 年之后政策数量差距相对较大，其中 2013 年差距最大，天津市与河北省政策数量差距达到 35 项。其次，京津冀三地的政策数量变化具有一定的相关性，并且整体上都呈现出增长的趋势，其中北京市与河北省的趋同程度更大。2010 年与 2015 年是两个明显的转折点，较 2010 年之前三地较少的政策数量，2010 年之后三地的政策数量都有明显增长，在 2015 年三地的政策数量趋近相等，并在此后整体呈下降趋势。最后，河北省的政策数量在大部分年份是三地中最少的，这种情况一直延续到 2015 年，并在 2016 年发生扭转，这说明随着京津冀一体化的深入，河北省在科技项目承接转移中投入的政策力度在逐年加大。

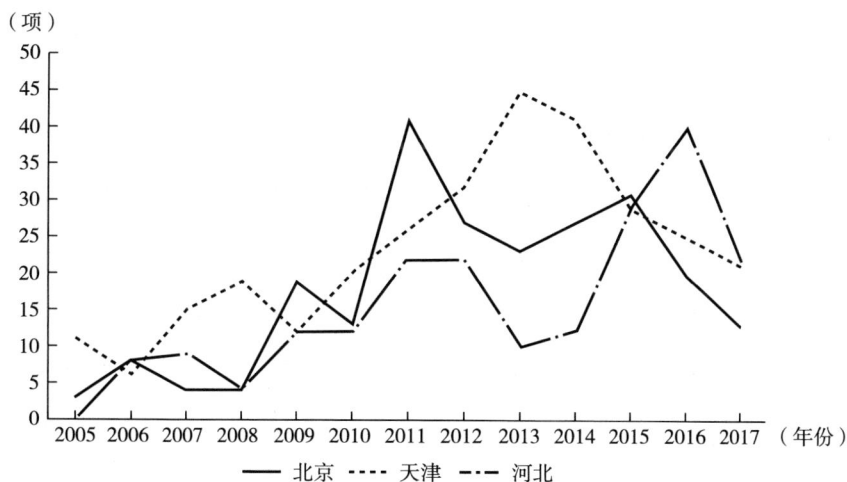

图 3-1　三省（市）科技金融政策文本数量汇总

二、政策主体

政策主体是在整个公共政策的运行周期中，对政策问题、政策过程、政策目标群体主动实施影响的组织，政策主体是政策制定、实施与评估阶段中最重要的参与者。按照政策制定参与部门的构成，可以分为单一部门政策与多部门联合政策。参与政策制定的部门数量多少决定了该政策在制定和执行过程中所涉及的部门利益目标分配和协调的难度，同时也能反映出政府行政管理能力的强弱。

综观三地科技金融政策发文主体以及发文参与情况，京津冀三地都是人民政府政策发文最多，除河北省在 2005 年没有发文，三地在其余年份均有发文，并且天津市和河北省的人民政府发文比重都超过 60%，河北省更是达到71.8%。除各地人民政府，京津冀三地发文数量最多的部门分别为：中关村科技园区管理委员会、天津市科学技术委员会、河北省科学技术厅。北京市的独立发文部门数量多于天津、河北两地。北京市制定科技金融政策共涉及 36 个部门，其中 22 个部门独立颁布政策（见表 3-1），天津市制定科技金融政策共涉及 32 个部门，其中 19 个部门独立颁布政策（见表 3-2），河北省制定科技金融政策共涉及 27 个部门，其中 10 个部门独立颁布政策（见表 3-3）。

三地多部门联合颁布政策数量相对较少，占政策总数的 17.2%，其中以两个部门联合颁布为主，为 90 项，占联合颁布政策总数的 70.9%。从时间维度来看，政策参与部门的个数呈逐年增长趋势，数量增长集中在 2012 年以后，两个部门参与增长最为明显，四个部门、五个部门及以上联合发文仍然较少。分地区来看，北京市联合颁布政策数量占政策总数的 22.32%，联合颁布数量基本上呈增长趋势，其中以两个部门参与为主，共 28 项，占联合发布政策总数的 53.85%；天津市独立发文数量明显多于联合发文数量，联合颁布政策数量只占政策总数的 13.8%，其中以两个部门联合颁布为主，共 34 项，占联合颁布政策总数的 80.9%；河北省联合颁布政策数量占政策总数的 16.5%，数量增长集中在 2014 年之后，两个部门参与为联合颁布的主要方式，共 28 项，占联合发布政策总数的 84.8%（见表 3-4）。

三、政策客体

政策客体是公共政策发挥作用时所指向的对象。它是一个包括了政策所要改变的状态、政策直接作用的人与事、政策所要调节的公众利益三个层面内容的立体结构。通过对科技金融政策作用的产业面的分析，可以凸显出科技金融

表 3-1 北京市独立发文部门 2005~2017 年发文量

科技金融政策独立发文部门	2005年	2006年	2007年	2008年	2009年	2010年	2011年	2012年	2013年	2014年	2015年	2016年	2017年	独立颁布政策总数
北京市人民政府	1	3	2	2	6	2	22	8	7	10	4	8	2	77
北京市人大	1	0	1	0	0	1	0	0	1	0	0	0	0	4
中共北京市委	0	0	0	0	1	1	0	0	0	0	1	1	0	4
北京市农村工作委员会	1	0	0	0	0	0	0	0	0	0	0	0	0	1
北京市发展和改革委员会	0	1	0	0	0	0	1	2	0	0	1	0	0	5
北京市财政局	0	1	0	0	2	0	1	1	1	0	0	0	0	6
北京市科学技术委员会	0	0	1	0	1	0	3	3	0	0	0	0	0	7
北京市农业局	0	0	1	0	0	0	0	0	0	0	0	0	0	1
北京市文化创意产业领导小组办公室	0	0	0	0	1	0	0	0	0	0	0	0	0	1
北京市教育委员会	0	0	0	0	0	0	0	0	0	0	0	0	0	0
北京市经济和信息化委员会	0	0	0	0	0	3	0	0	0	0	0	1	1	5
北京市地方税务局	0	0	0	0	0	0	0	0	0	0	0	0	0	0
北京市中关村科技园区管理委员会	0	0	0	0	3	5	5	5	3	9	9	3	5	47
中关村国家自主创新示范区领导小组	0	0	0	0	1	0	0	0	5	1	0	2	0	9
北京市金融工作局	0	0	0	0	0	0	0	1	0	0	0	0	1	2

续表

科技金融政策独立发文部门	2005年	2006年	2007年	2008年	2009年	2010年	2011年	2012年	2013年	2014年	2015年	2016年	2017年	独立颁布政策总数
北京市经济信息化委员会	0	0	0	0	0	0	0	1	0	0	0	0	0	1
北京市知识产权局	0	0	0	0	0	0	0	0	0	0	1	0	0	1
北京市海外学人工作联席会办公室	0	0	0	0	0	0	0	0	1	0	4	0	0	5
北京市国有文化资产监督管理办公室	0	0	0	0	0	0	0	0	0	0	0	2	0	2
北京保监局	0	0	0	0	0	0	0	0	0	0	0	0	1	1
北京市人力资源和社会保障局	0	0	0	0	0	0	0	0	0	0	0	0	1	1
北京市卫生计生委	0	0	0	0	0	0	0	0	0	0	0	0	1	1

资料来源：参考"北大法宝"，经本书整理获得。

表3-2 天津市独立发文部门2005~2017年发文量

科技金融政策独立发文部门	2005年	2006年	2007年	2008年	2009年	2010年	2011年	2012年	2013年	2014年	2015年	2016年	2017年	独立颁布政策总数
天津市人民政府	6	5	11	13	6	13	13	13	17	7	16	16	19	155
天津市人大	1	0	0	0	0	0	2	0	0	2	2	3	0	10
天津市发展和改革委员会	0	0	1	0	0	2	1	0	0	0	1	0	0	5
天津市财政局	0	0	0	0	0	0	0	1	2	2	0	0	0	5

续表

科技金融政策独立发文部门	2005年	2006年	2007年	2008年	2009年	2010年	2011年	2012年	2013年	2014年	2015年	2016年	2017年	独立颁布政策总数
天津市科学技术委员会	1	0	0	2	0	0	1	7	13	0	3	1	0	28
天津新技术产业园区管理委员会	0	0	0	3	2	0	0	0	0	0	0	0	0	5
天津市教育委员会	0	0	0	0	0	0	0	0	0	1	0	0	0	1
天津市经济和信息化委员会	0	0	0	0	0	0	1	0	0	0	0	0	0	1
天津市地方税务局	0	0	0	0	0	0	0	0	0	1	0	0	0	1
天津市经济技术开发区管委会	0	0	0	0	0	0	0	0	0	1	0	0	0	1
天津市经济委员会	0	1	0	0	0	0	0	0	0	0	0	0	1	2
天津市知识产权局	0	0	0	0	0	4	4	5	6	6	1	0	0	26
天津市人力资源和社会保障局	0	0	0	0	0	0	0	0	0	1	0	0	0	1
天津市统计局	1	0	0	0	0	0	0	0	0	0	0	0	0	1
天津市国土资源和房屋管理局	0	0	0	0	1	0	0	0	0	0	0	0	5	6
天津市工商行政管理局	0	0	0	0	0	0	1	0	0	0	0	0	0	1
银监会天津监管局	0	0	0	0	0	0	1	2	0	0	0	0	0	3
中国人民银行天津分行	0	0	0	0	0	0	0	1	0	0	1	0	1	3
天津市高级人民法院	0	0	0	0	0	0	0	1	0	0	0	0	0	1

资料来源：参考"北大法宝"，经本书整理获得。

表3-3 河北省省独立发文部门 2005~2017年发文量

科技金融政策独立发文部门	2005年	2006年	2007年	2008年	2009年	2010年	2011年	2012年	2013年	2014年	2015年	2016年	2017年	独立颁布政策总数
河北省人民政府	0	8	8	2	3	6	16	17	4	7	14	19	13	117
省发改委	0	0	0	0	1	0	1	0	0	0	0	0	0	2
省财政局	0	0	0	0	0	0	0	0	0	0	1	1	1	3
省科学技术厅	0	0	0	2	5	3	0	0	2	1	3	5	1	22
省工业和信息化厅	0	0	0	0	0	3	0	0	0	0	3	1	0	7
省人力资源和社会保障局	0	0	0	0	1	0	0	0	0	0	0	1	0	2
省银监局	0	0	0	0	0	0	0	1	2	0	3	1	0	7
省扶贫开发领导小组	0	0	0	0	0	0	1	0	0	0	0	1	0	1
省环境保护厅	0	0	0	0	0	0	0	0	1	0	0	0	0	1
省工商行政管理局	0	0	0	0	0	0	0	0	1	0	0	0	0	1

资料来源：参考"北大法宝"，经本书整理获得。

表 3-4　京津冀三省（市）科技金融政策部门颁布参与情况年度分布

年份	独立发文			两个部门参与			三个部门参与			四个部门参与			五个部门及以上		
	京	津	冀	京	津	冀	京	津	冀	京	津	冀	京	津	冀
2005	3	11	0	0	2	0	0	0	0	0	0	0	0	0	0
2006	5	6	8	3	0	0	0	0	0	0	0	0	0	0	0
2007	4	12	8	0	3	0	0	0	0	0	0	0	0	0	0
2008	2	18	4	0	0	0	0	0	0	0	0	0	0	0	0
2009	15	9	10	3	2	1	1	1	0	0	0	1	0	0	0
2010	9	19	12	0	1	0	3	0	0	0	0	0	0	0	0
2011	35	25	21	3	1	0	3	0	0	0	0	1	0	0	0
2012	21	29	18	5	2	4	3	0	0	0	0	0	0	1	0
2013	19	39	9	2	6	1	2	0	0	0	0	0	0	0	0
2014	20	29	4	3	8	4	3	0	0	0	0	1	0	0	0
2015	18	24	24	5	5	4	6	0	1	1	0	0	1	0	0
2016	18	20	30	1	3	9	1	0	0	1	0	1	0	0	0
2017	12	21	15	1	0	5	0	0	2	0	0	0	0	0	0

资料来源：参考"北大法宝"，经本书整理获得。

政策的侧重范围和政策主体意愿偏好，可以较有针对性地对科技金融政策评估提供产业层面的依据。依据联合国关于三大产业的分类标准，将政策文本分成第一产业、第二产业、第三产业、综合型，共四种类型。

从总体数量来看，综合型相关政策占比高达 46.27%，第三产业相关政策占比也超过 1/3。第一产业、第二产业占比少，分别为 14.08%、28.73%。三地区产业分析如图 3-2 所示。从各地占比来看，三地各产业相关政策占比相差不多，从第一产业到综合型都是呈递增趋势，天津的趋势变化最为明显。

从地区来看（见表 3-5）：北京市综合型政策占比最多，共计 101 条，占比 43.35%；其次为第三产业相关政策，共计 84 条，占比 36.05%；第一、第二产业占比较少，二者共计 48 条，占比 20.60%。从 2009 年开始，相关政策数量显著增长，第三产业与综合型增长最为明显。天津市综合型政策数量占比

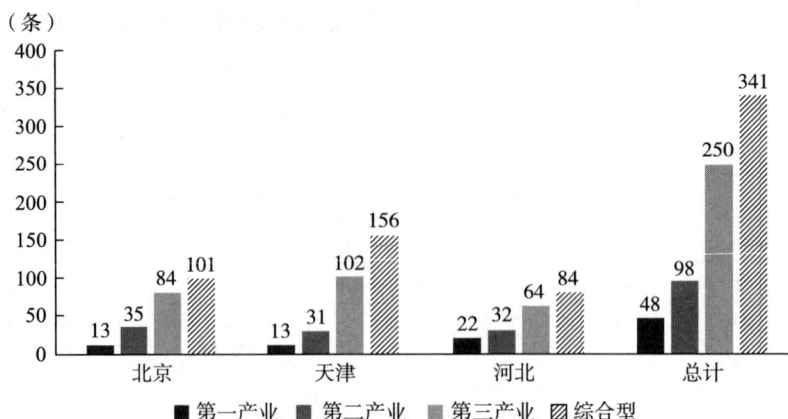

图 3-2　京津冀三省（市）科技金融政策作用产业占比

表 3-5　京津冀三省（市）科技金融政策作用产业面的年度分布

产业	2005 年			2006 年			2007 年			2008 年			2009 年			2010 年			2011 年		
	京	津	冀	京	津	冀	京	津	冀	京	津	冀	京	津	冀	京	津	冀	京	津	冀
第一产业	1	0	0	0	0	0	2	1	2	0	1	2	1	0	1	0	2	2	3	1	2
第二产业	1	0	0	1	1	1	0	2	1	1	5	0	4	3	0	0	3	3	7	2	7
第三产业	1	1	0	3	1	3	2	4	2	1	6	1	8	0	3	4	8	2	12	12	6
综合型	0	10	0	4	4	4	0	8	4	2	7	1	9	9	7	9	7	5	19	11	7

产业	2012 年			2013 年			2014 年			2015 年			2016 年			2017 年		
	京	津	冀	京	津	冀	京	津	冀	京	津	冀	京	津	冀	京	津	冀
第一产业	2	1	3	2	2	3	1	3	1	0	0	1	1	0	3	0	2	2
第二产业	4	0	4	2	1	5	4	3	5	3	1	0	2	1	0	2	1	0
第三产业	14	15	5	7	17	2	11	18	3	14	9	15	2	7	15	5	4	7
综合型	7	16	10	12	22	4	10	16	5	12	19	7	14	13	18	6	14	12

资料来源：参考"北大法宝"，经本书整理获得。

过半，共计 156 条，占比 51.66%；其次为第三产业相关政策，共计 102 条，占比 33.77%；第一、第二产业占比较少，二者共计 44 条，占比 14.57%。各产业相关政策数量增长趋势较平稳，其中以 2012～2014 年的相关政策数量最多。

河北省综合型政策数量占比较大，共计 84 条，占比 41.58%；其次为第三产业相关政策，共计 64 条，占比 31.68%；第一、第二产业占比较少，二者共计 54 条，占比 26.74%。从 2014 年开始，第三产业与综合型相关政策数量显著增长。

四、政策关键词

通过政策文本关键词的分析，可以充分地了解到政策文本的主题、内容以及发文的目的，本书通过对 736 份科技金融政策的关键词进行分类分析，每一篇政策具有 1~3 个相关关键词不等，共计总结了战略规划、科技贷款、科技资本市场、信用体系等 17 类关键词。从总体政策文本关键词来看，科技产业、战略规划、科技企业出现频率较高，位于前三位，分别占比 15.04%、14.11%、12.45%。政府采购、信用体系、科技资本市场等关键词出现频率较低。科技企业、科技产业在三地每年的科技金融政策均有体现。具体关键词分布如图 3-3 所示。

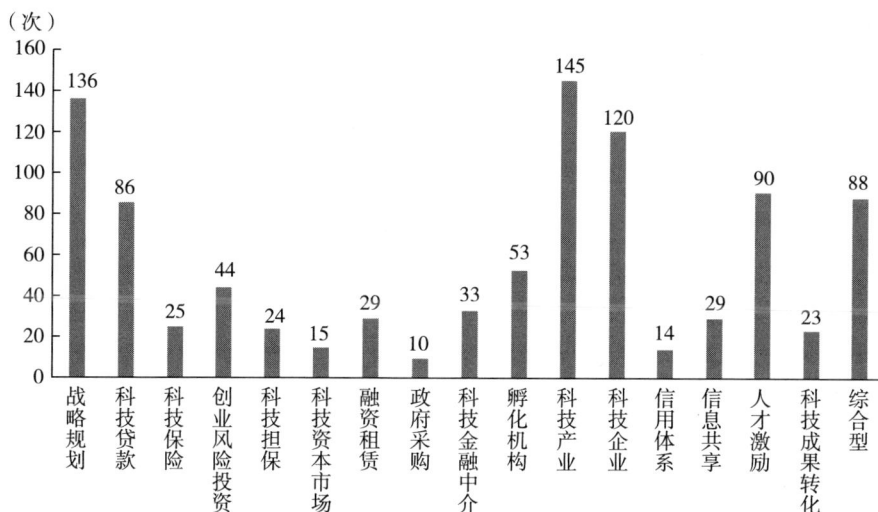

图 3-3 京津冀三省（市）科技金融政策关键词汇总

从各地政策文本关键词来看，北京市科技产业、战略规划、综合型位于前三，出现频率较高。信用体系、政府采购等关键词出现频率极低。其中，科技企业、科技产业关键词几乎每年都会出现；人才激励、科技成果转化从 2009 年开始逐渐出现；科技金融中介、信息共享等关键词从 2011 年逐渐出现。天津市科技企业、战略规划、综合型位于前三，出现频率较高。信用体系、政府采购等关键词出现频率极低。其中，科技企业、孵化机构、科技产业、综合型等关键词几乎每年都会出现；融资租赁、科技资本市场从 2012 年左右逐渐出现；信用体系从 2010 年开始逐渐出现；科技担保、信息共享等关键词从 2008 年逐渐出现。河北省科技产业、战略规划、人才激励，出现频率较高，位于前三。政府采购、科技资本市场等关键词出现频率极低。其中，人才激励、科技企业、科技产业、综合型等关键词几乎每年都会出现；科技保险从 2012 年左右逐渐出现；孵化机构、信息共享等关键词从 2011 年逐渐出现；科技贷款从 2010 年开始逐渐出现。具体情况如表 3-6 所示。

表 3-6　京津冀三省（市）科技金融政策关键词　　　　单位：次

政策主题	京	津	冀
战略规划	35	56	45
科技贷款	27	31	28
科技保险	9	9	7
创业风险投资	12	21	11
科技担保	8	7	9
科技资本市场	8	5	2
融资租赁	7	5	17
政府采购	6	4	0
科技金融中介	11	19	3
孵化机构	22	16	15
科技产业	48	33	64
科技企业	22	72	26

续表

政策主题	京	津	冀
信用体系	1	3	10
信息共享	7	8	14
人才激励	26	32	32
科技成果转化	7	6	10
综合型	29	45	14

资料来源：参考"北大法宝"，经本书整理获得。

五、政策发文部门与关键词交互关系

通过分析政策发文部门与关键词之间的交互关系，可以看出不同部门在制定科技金融政策方面存在侧重，以体现部门职能与作用。前文已经展现出本书科技金融政策所设计的部门范围，此处我们选取具有代表性的一些部门加以分析。此处，我们选择市（省）政府、财政局、科学技术委员会、知识产权局、发展和改革委员会，共五个部门加以分析。

对总体进行横向比较，战略规划、科技保险、科技担保、科技金融中介、信用体系、信息共享、综合型关键词集中在市（省）政府发文中（分别占比73.72%、75.00%、81.25%、70.83%、83.33%、82.61%、74.66%）；其他关键词分布较平均。对总体进行纵向比较，战略规划、科技产业（分别占比16.26%、16.26%）关键词主要集中在市（省）政府的发文中；战略规划、科技贷款、科技企业（分别占比25.00%、22.73%、31.82%）关键词主要集中在知识产权局的发文中；科技产业（占比31.82%）关键词主要集中在发展和改革委员会的发文中；其他部门发文关键词分布比较平均。

对北京市进行横向比较，战略规划、科技保险、政府采购、科技金融中介关键词集中在市（省）政府发文中（分别占比81.48%、80.00%、80.00%、85.71%）；信息共享关键词集中在科学技术委员会发文中（占比60%）；其他

关键词分布较平均。对北京市进行纵向比较,战略规划与科技企业(分别占比19.13%、18.26%)关键词主要集中在市(省)政府的发文中;孵化机构(占比30.00%)关键词主要集中在科学技术委员会的发文中;其他部门发文关键词分布比较平均。

对天津市进行横向比较,融资租赁、孵化机构、人才激励、综合型关键词集中在市(省)政府发文中(分别占比80.00%、83.33%、76.92%、72.73%);科技成果转化关键词集中在财政局(占比60%)发文中;其他关键词分布较平均。对天津市进行纵向比较,战略规划、科技企业、综合型关键词主要集中在市(省)政府发文中(分别占比15.05%、16.50%、15.53%);科技企业(分别占比43.75%、50.00%)关键词主要集中在知识产权局、发展和改革委员会的发文中;其他部门发文关键词分布比较平均。

对河北省进行横向比较,战略规划、科技保险、科技担保、科技资本市场、科技金融中介、科技产业、信用体系、信息共享、综合型关键词集中在市(省)政府发文中(分别占比80.95%、85.71%、100.00%、100.00%、100.00%、80.00%、80.00%、100.00%、84.62%);科技成果转化关键词集中在财政局(占比60%)发文中;其他关键词分布较平均。对河北省进行纵向比较,科技企业(占比22.43%)关键词主要集中在市(省)政府的发文中;科技贷款(占比66.67%)关键词主要集中在知识产权局发文中;其他部门发文关键词分布比较平均。

具体发文部门与关键词的交互关系如表3-7所示。

表3-7 京津冀三省(市)具体发文部门与关键词的交互关系

政策主题	市(省)政府			财政局			科学技术委员会			知识产权局			发展和改革委员会		
	京	津	冀	京	津	冀	京	津	冀	京	津	冀	京	津	冀
战略规划	22	31	34	0	1	1	1	6	6	1	10	0	3	1	1

续表

政策主题	市（省）政府			财政局			科学技术委员会			知识产权局			发展和改革委员会		
	京	津	冀	京	津	冀	京	津	冀	京	津	冀	京	津	冀
科技贷款	6	13	13	0	3	6	1	9	2	1	5	4	2	0	0
科技保险	4	5	6	0	0	0	1	2	0	0	1	1	0	0	0
创业风险投资	5	12	9	3	4	4	0	6	2	0	0	0	0	1	0
科技担保	2	4	7	0	1	0	0	1	0	0	0	0	1	0	0
科技资本市场	2	4	2	1	1	0	1	1	0	0	0	0	1	0	0
融资租赁	1	4	10	2	0	1	0	0	1	0	0	1	1	1	1
政府采购	4	2	0	1	2	0	0	1	0	0	0	0	0	0	0
科技金融中介	6	9	2	0	0	0	1	5	0	0	1	0	0	0	0
孵化机构	6	10	7	1	0	1	9	2	5	1	0	0	6	0	1
科技产业	21	18	48	2	5	3	4	3	7	2	1	0	5	5	2
科技企业	7	34	15	5	8	1	3	9	7	0	14	0	1	1	1
信用体系	0	2	8	0	0	0	0	0	0	0	0	0	0	0	1
信息共享	1	5	13	0	0	0	3	0	0	0	0	0	0	0	0
人才激励	10	20	23	2	1	1	4	5	5	1	0	0	5	0	0
科技成果转化	5	1	6	1	3	0	2	1	2	0	0	0	1	0	0
综合型	13	32	11	4	4	0	0	7	2	0	0	0	1	1	0

资料来源：参考"北大法宝"，经本书整理获得。

第三节　结论与建议

京津冀地区科技金融政策在统计的 12 年中呈现出以下特征：其一，政策数量连年攀升，显示出三地政府以及各职能部门对科技金融的重视和支持力度在不断加大；其二，政策主体众多，政策作用面范围广，政策主体和客体的多元性从一个侧面反映出科技金融涉及的范围和领域在不断拓展；其三，政策发文主体联合程度低，多部门多地区的联合发文数量依旧较低，这说明京津冀三地科技金融政策的协同机制尚未建立。

京津冀地区经济发展和科技创新水平不尽相同，政策实施的环境也存在较大的差异和不平衡，而政策协同是一个主体多元，层次结构复杂、涉及时间、空间多个维度的宏观概念，要实现该地区科技金融政策的协同必然要超越现有的政策领域边界和单个部门的职责范围，需要纵向政府间的协同和横向部门间的协同，兼顾不同政策目标的协调推进，考虑不同类型政策措施的组合使用，是一个从要素协同到系统协同的演进过程。具体来看，就是将政策主体、政策客体、政策作用过程与政策目标纳入系统化的思维范式。例如，在政策主体协同层面，定期召开京津冀区域科技金融政策发布联席会，打通各级政府间、各类职能部门间的信息沟通管路，保证在政策运行过程中不会偏离政策总目标；在政策客体层面，建立科技金融政策信息服务平台，使广大产业企业部门获得第一手的科技金融政策信息，并通过该平台将科技金融政策的效用进行反馈；在政策实施过程中，京津冀三地应注重政策前端、后端作用的发挥，即在政策谋划、制定、匹配、评估、反馈等环节进行全程合作，引入第三方机制，建立相对统一的评价标准和规范，避免单一地区或单一部门因过度关注自身利益而丧失整体利益，从而使京津冀三地科技金融政策体系得以更好地为本地区科技创新服务，在全国范围内发挥示范带头作用。

第四章 京津冀科技金融政策的
投入产出分析

对京津冀地区的科技金融政策进行投入产出分析将有助于进一步厘清科技金融政策的有效性,本章通过设计科技金融政策量化标准手册,从多维度定量分析该地区科技金融政策文本;通过拓展的 C-D 生产模型进行科技金融政策投入与科技产出之间的相关性与有效性分析。

第一节 科技金融政策量化手册设计

科技金融政策作为一种制度安排,主要以文本形式呈现,由于无法将政策文本直接代入公式和模型进行运算,对其研究与评价相对困难,因此需要运用一定的方法对科技金融政策进行量化。定性评价主要依赖于对政策文本内容的统计和梳理,缺乏数理层面的研究和挖掘,而定量评价可以更客观、准确地评价科技金融政策。

一、指标与标准

为了使科技金融政策的内容得到更严格、全面的反映，让政策研究变量得到更准确的表达，本章将从科技金融政策的政策力度、政策目标、政策措施三个维度来分析政策文本。其中政策措施划分了三个二级指标，分别是：科技金融政策、科技金融产品、科技金融环境。具体量化标准为：根据政策发布部门以及政策效力级别的不同制定出政策力度的量化标准，根据政策文本中的描述情况的不同制定出政策目标的量化标准，根据政策措施的具体情况与执行标准的不同制定出政策措施的量化标准，具体情况如表4-1所示。

表4-1 科技金融政策量化标准手册

一级指标	二级指标		得分	评判标准
政策力度			5	省、市等地方性法规
			4	政府及各部门颁布的规章与规范性文件
			3	政府及各部门颁布的条例、规定
			2	政府及各部门的意见、批复、办法、暂行规定
			1	政府及各部门的通知
政策目标			5	"必须""严禁""严格遵照""严格执行"等最强最详细的描述
			4	"不得低于/超过""严格使用"等强语气详细的描述
			3	"充分利用""充分调动""最大化使用"等较强语气描述
			2	"在……的前提下，亦可""完善""健全""支持"等条件一般性描述
			1	"可根据""加强""增加"等一般性描述
政策措施	科技金融政策	科技金融中介	5	列出具体措施，对每一项进行严格的执行与控制标准，并对其进行具体详尽的说明
		孵化机构	4	列出具体措施，对每一项写明严格的执行标准，并给出一定的说明

一级指标	二级指标		得分	评判标准
政策措施	科技金融政策	科技产业	3	列出较具体的措施，并简单说明
		科技企业	2	列出基本措施，无说明
		创新园区	1	仅从宏观角度谈及相关内容，无具体措施
	科技金融产品	科技贷款	5	列出具体措施，对每一项进行严格的执行与控制标准，并对其进行具体详尽的说明
		科技保险	4	列出具体措施，对每一项写明严格的执行标准，并给出一定的说明
		创业风险投资	3	列出较具体的措施，并简单说明
		科技担保	2	列出基本措施，无说明
		科技资本市场	1	仅从宏观角度谈及相关内容，无具体措施
	科技金融环境	融资租赁	5	列出具体措施，对每一项进行严格的执行与控制标准，并对其进行具体详尽的说明
		信息共享	4	列出具体措施，对每一项写明严格的执行标准，并给出一定的说明
		信用体系	3	列出较具体的措施，并简单说明
		人才激励	2	列出基本措施，无说明
		战略规划	1	仅从宏观角度谈及相关内容，无具体措施

二、量化方法

根据表4-1，在对纳入研究样本的737项科技金融政策的政策力度、政策目标、政策措施分别量化后，利用公式（4-1）对于每一年度的各项指标得分进行累计加和，计算出科技金融政策的单一年度得分：

$$Z_i = \sum_{j=1}^{n} (G_j + M_j) P_j \tag{4-1}$$

其中，i 表示政策的发布年份；n 表示第 i 年颁布的政策项数；j 表示第 i 年的第 j 项政策；G_j 表示第 j 项政策的政策目标得分；M_j 表示第 j 项政策的政策措施得分；P_j 表示第 j 项政策的政策力度得分；Z_i 表示第 i 年的科技金融政策综合得分。

三、量化结果与分析

本章对北京市、天津市、河北省 2005~2017 年每一年度的政策综合得分、政策目标得分、政策措施得分、政策力度得分进行整理汇总，得到汇总结果如表 4-2 所示。

表 4-2　京津冀科技金融政策量化分析汇总结果

发布年份	政策综合得分			政策数量			政策目标			政策措施			政策力度		
	京	津	冀	京	津	冀	京	津	冀	京	津	冀	京	津	冀
2005	48	116	0	3	11	0	11	41	0	13	37	0	6	16	0
2006	104	50	85	8	6	8	30	19	20	26	24	27	15	7	14
2007	59	136	69	4	15	9	14	49	23	14	55	23	8	20	13
2008	35	171	45	4	19	4	13	48	12	11	77	16	6	26	8
2009	175	85	87	19	12	12	43	22	31	63	44	36	31	16	16
2010	128	115	83	13	20	12	29	39	29	48	71	35	22	21	15
2011	382	227	155	41	26	22	109	63	56	129	81	75	65	40	26
2012	248	250	138	27	32	22	66	85	57	99	111	59	40	41	26
2013	243	306	109	23	45	10	54	85	34	85	160	26	40	55	18
2014	254	319	126	27	41	12	65	99	32	101	128	34	41	56	23
2015	312	247	254	31	29	29	86	85	74	117	101	86	47	38	46
2016	231	222	328	20	25	41	60	68	113	80	92	120	33	34	59
2017	112	235	163	13	21	21	43	74	53	55	77	56	15	33	31

北京市的综合得分呈现总计较高、波动较大的特点，年度平均综合得分为 179.3 分，其中 2011 年达到峰值 382 分，随后略有下降，但仍高于 2011 年前的水平；政策目标、政策措施、政策力度也均在 2011 年达到峰值，其平均分数分别为 47.9 分、64.7 分、28.4 分。天津市的综合得分呈现出平均分布、波动较小的特点，年度平均得分为 190.7 分，其中 2014 年达到峰值 319 分；政

策目标、政策力度在 2014 年达到峰值，政策措施在 2013 年达到峰值，政策目标、政策措施、政策力度平均分数分别为 59.8 分、81.4 分、31 分。河北省的综合得分呈现出逐年升高、小幅震荡的特点，年度平均得分 136.8 分，其中 2016 年达到峰值 328 分；政策目标、政策措施、政策力度也均在 2016 年达到峰值，其平均分数分别为 44.5 分、49.4 分、24.6 分。

京津冀三地科技金融政策综合得分呈现以下特点：首先，京津冀三地均呈现出逐年上升、伴随着小幅震荡的特点，且在 2011 年以来有较大提高，这说明京津冀地区落实《国家中长期科学和技术发展规划纲要》加大了对科技的政策投入。在增长中，北京市起伏波动最大，河北次之，天津市最为平稳。其次，北京市与天津市在不同年度中总分交替领先，河北在大部分年度中表现为较低水平，但近三年，河北省表现出赶超北京、天津的趋势。最后，京津冀作为一个经济整体，体现出了一体化发展的趋势，三地之间的政策差异正在不断缩减，其中 2013 年天津与河北之间的综合分数差异达到峰值，为 197 分，但这一差异在 2017 年仅为 72 分。

第二节　投入产出分析

一、模型设计

1928 年，美国数学家柯布（C. W. Cobb）和经济学家保罗·道格拉斯（Paul H. Douglas）在共同研究投入和产出的关系时创造出著名的 C-D 生产函数。他们根据有关数据，分析探讨了 1899~1922 年美国的资本和劳动对生产的影响，在技术经济条件不变的情况下，得出了产出与投入的劳动力及资本的关系。此后，大量学者利用 C-D 生产函数分析研究劳动力要素、资本要素对于产出的影响。如 ZviGriliches（1964）利用 C-D 生产函数研究农业教育和研发支出对农业产出的影响；董业军和陈敬良（2001）采用了实证方法对我国劳动产出弹性进行了测算；李先柏（2008）研究了 K 个投入要素的 C-D 生产函数，其相应的长期成本函数、短期成本函数及图形之间的内在联系；孟庆军和许莲艳（2015）根据中国高新技术产业 1999~2012 年的数据，采取滞后变量模型和回归模型的方法，对科技投入与产出的关系进行了实证分析，得出科技投入具有短促性等结论。

考虑到 C-D 生产函数只有资本要素投入与生产力要素投入，因此，本节将科技金融政策量化结果纳入模型中，重新选取变量构造拓展的生产函数模型。

$$Y = CK^{\alpha}L^{\beta}Z^{\gamma} \tag{4-2}$$

在公式（4-2）中，Y 表示科技产出，K 表示资本要素投入规模，L 表示劳动力要素投入规模，Z 表示政策要素投入规模，α 表示劳动力要素产出的弹性系数，β 表示资本要素产出的弹性系数，γ 表示政策要素产出的弹性系数，C 表示常数项。

考虑到科技各要素投入的滞后效应与实际需要，在对公式（4-2）两边同时取自然对数后，得到公式（4-3）：

$$\ln Y_t = \ln C + \alpha \ln K_{t-1} + \beta \ln L_{t-1} + \gamma \ln Z_{t-1} \tag{4-3}$$

本节借鉴孟庆军和许莲艳（2015），用小写字母表示相应字母对数值，可得公式（4-4）：

$$y_t = c + \alpha k_{t-1} + \beta l_{t-1} + \gamma z_{t-1} \tag{4-4}$$

其中，c 表示常数项。

二、指标选取与数据来源

本节对模型中所用到的变量进行了选取和定义，具体情况如表 4-3 所示。

本节所使用的数据均来源于《中国科技统计年鉴》《北京科技统计年鉴》《天津经济统计年鉴》《河北经济年鉴》。

表4-3 变量定义表

变量符号	变量名	含义
Y	专利申请授权量	具体地展示了拥有自主知识产权的科技和设计成果情况，可以有效反映出地区科技创新质量与水平
K	R&D经费投入强度	充分、系统地衡量国家、地区或者企业对科技的资本投入，是国际上广泛使用并认可的科技核心指标
L	R&D人员全时当量	指全时人员数加非全时人员，按工作量折算为全时人员数的总和，为国际上比较科技人力投入而制定的可比指标
Z	政策综合得分	通过量化政策的政策目标、政策措施、政策力度，并通过公式得出政策综合得分来综合衡量一个地区政策投入力度

三、实证结果分析与检验

（一）相关性分析

本节使用 Stata 14.0 来进行科技产出与科技资本投入、科技人力投入、科技金融政策投入的相关性分析。出于数据可得性与完整性考虑，以专利申请授权量作为科技产出的代表性指标，结果如表4-4所示。从相关性分析结果可以看出，京津冀地区科技资本投入（R&D经费投入强度）与科技产出之间相关性分别高达 0.911、0.944、0.983，科技人力投入（R&D人员全时当量）与科技产出之间相关性分别高达 0.920、0.993、0.989，科技金融政策投入（政策综合得分）与科技产出之间相关性为 0.780、0.845、0.825，且以上各项均在99%的置信水平下双侧检验显著，这说明科技投入、人力投入、政策投入与科技产出之间有很显著的正相关性。资本的侧重、人力的投入、政策的支持能够直接或间接地增加科技产出，促进科技的持续发展。在京津冀三地，与科技产出之间相关性最强的指标均为科技人力投入，这表明人力资本、技术人才对于科学技术的发展有着至关重要的作用，三地的科技发展与科技人力资源密不可分。从科技金融政策综合得分与科技产出的相关性来看，三地的科技产出均与科技金融政策的投入高度相关，表明科技金融政策在促进科技创新发展方面产生重要的作用，其中天津市的相关性最强，北京市的相对较弱，究其原因可能是由于北京市独有的政治经济优势使其具有众多促进科技发展的因素，进而冲淡了科技金融政策的效果。

表4-4 变量定义表

科技产出	科技投入	北京市	天津市	河北省
专利申请授权量	R&D 经费投入强度	0.911***	0.944***	0.983***
	R&D 人员全时当量	0.920***	0.993***	0.989***
	政策综合得分	0.780***	0.845***	0.825***

注：***表示1%条件下显著。

（二）有效性分析

本节根据生产函数 C-D 模型拓展出的公式（4-4），从资本投入、人力投入、政策投入三个维度共同分析京津冀地区科技金融政策的有效性，Stata14.0分析结果如表4-5所示。

表4-5 科技金融政策有效性分析

模型	北京市	天津市	河北省
c	−26.20315***	−12.3888***	−10.60471***
	(6.087337)	(2.185649)	(3.75318)
k	6.811391***	−0.5951319	0.196939
	(2.065144)	(0.758696)	(0.4770527)
l	1.912294***	2.121988***	1.789313***
	(0.6259334)	(0.2674847)	(0.3299127)

续表

模型	北京市	天津市	河北省
z	0.2952583*** (0.1145683)	-0.2010442** (0.0916524)	0.04514*** (0.0136991)
F	69.29	208.77	882.67
P	0.0000	0.0000	0.0000
R^2	0.9568	0.9876	0.9898
RMSE	0.18869	0.10472	0.08575

注：**、***分别表示5%、1%条件下显著。

从表4-5中可以看出北京市、天津市与河北省科技投入与科技产出之间的影响。回归结果反映出京津冀地区科技资本投入、科技人力投入、科技金融政策投入均对科技产出存在明显的影响，且除天津市和河北省的资本投入之外，北京市、天津市、河北省所有投入均在95%以上的置信水平下显著有效。当资本投入、人力投入、政策投入每单独上涨1%时：北京市科技产出分别变化6.811391%、1.912294%、0.2952583%，天津市科技产出分别变化-0.5951319%、2.121988%、-0.2010442%；河北省科技产出分别变化0.196939%、1.789313%、0.04514%。京津冀三地的模型P值均为0.0000，R^2均超过95%，反映出模型可以很好地拟合京津冀地区科技投入与科技产出之间的关系。

北京市的三项投入对于科技产出均为正向关系且显著，说明北京市三项投入很好地共同促进了科技产出的增加；天津市科技人力投入对于科技产出为正向关系且显著，但科技金融政策投入对于科技产出为负向关系且显著，科技资本投入对于科技产出为负向关系并且不显著，说明天津市在资本投入、人力投入与政策投入的协同作用下，政府、企业等机构可能会由于对经济增长的迫切需求，反而忽视了科技创新，从而造成了科技产出的下降。河北省科技人力投入、科技政策投入对于科技产出为正向关系且显著，科技资本投入对于科技产出为正向关系并且不显著，说明了科技的资本投入、人力投入、政策投入的协

·59·

同作用机制还有待完善，使资本投入能够显著地促进科技产出。

在资本投入方面，北京市促进科技产出系数远远高于天津、河北，说明科技金融资本在北京地区运用的较为得当，极大地促进了科技的发展，而天津的资本运作出现了较大的问题，资金的增加反而对科技产出具有负面作用。在人力投入方面，三地区的促进作用基本持平，系数均在1.7~2.2，说明人力投入能够持续稳定地促进科技进步。政策投入作为科技"软"投入，对于科技的促进作用远不如资本、人力显著，但仍能在一定程度上反映出部分问题：北京市在制定政策方面具有更强的针对性与执行力，在促进科技发展方面也做得最为突出，但两地政策投入的作用则不够显著，说明在政策制定与执行方面存在一些问题。

第三节 结论与建议

从政策量化结果来看，京津冀地区科技金融政策投入差异明显：天津市科技金融政策数量最多、投入最强，政策目标、政策措施、政策力度均为三地最高；北京市综合得分略低于天津市，在政策目标、政策措施方面与天津市存在差距；河北省科技金融政策综合得分最低，且与北京市、天津市差距较大，主要表现为政策措施得分明显低于其他两地。从科技要素投入与科技产出的相关性来看，京津冀地区发展较为平衡且水平较高。资本投入、人力投入、科技金融政策投入与科技产出之间的相关性均显著，这说明三地科技金融政策能够较好发挥对科技创新的正向促进作用。从科技投入要素的协同作用来看，京津冀地区协同作用差异较大，北京市各要素之间的协同作用最好，各投入要素均能显著提高科技产出；河北省科技投入与产出之间也均为正向促进作用，但资本投入要素不显著；天津市科技投入要素之间的协同能力比较差，资本投入与政策投入均为消极作用，不能很好地共同促进科技进步。

京津冀地区经济发展和科技创新水平不尽相同，政策实施的环境也存在较大的差异和不平衡，科技金融政策不仅要考虑适应当地的经济社会发展情况，更应注重从数量到质量的转变，实现三地的协同。为此，京津冀地区应合理调整科技金融政策投入的数量、力度、措施与结构，具体来说：北京市、河北省应加大政策投入力度，增加科技金融政策的颁布数量，并不断提高政策目标、政策措施、政策力度的强度，天津市应加强调整政策颁布的结构，充分发挥不同类型科技金融政策投入对于科技产出的促进作用，实现政策资源科技产出的最大化。同时，京津冀三地要实现该地区科技金融政策的协同必然要超越现有的政策领域边界和单个部门的职责范围，需要纵向政府间的协同和横向部门间的协同，兼顾不同政策目标的协调推进，考虑不同类型政策措施的组合使用，在政策谋划、制定、匹配、评估、反馈等环节进行全程合作，引入第三方机制，建立相对统一的评价标准和规范，避免单一地区或单一部门因过度关注自身利益而丧失整体利益，实现从单一要素协同到系统协同的转变。

第五章　京津冀科技金融政策效率分析

　　科技金融政策作为一种制度安排，主要以文本形式呈现，由于无法将政策文本直接代入公式和模型进行运算，对其研究与评价相对困难，因此需要运用一定的方法对科技金融政策进行量化。描述性统计分析是科技金融政策量化的一种方法，唐五湘等（2013）通过描述性统计对科技金融政策进行量化，以北京市2001~2012年的科技金融政策文本为研究对象，在科技金融政策文本主题、主体、作用面、主体与主题交互关系四个方面进行数量上的统计分析，研究结果表明，北京市的科技金融政策存在颁布部门职责不清、政策协同不够以及政策覆盖面范围较小等问题。由于科技金融政策文本内容较为复杂，除从政策本身进行量化之外，还可从政策的外部效果对政策进行量化。苑泽明等（2016）通过对科技型中小企业发放问卷，并针对具体政策的落实情况进行统计分析，从而实现了科技金融政策的量化；刘湘云和吴文洋（2017）构建了科技金融政策效果指标体系，从金融环境、经济效益、科技投入和科技产出四个方面对科技金融政策进行衡量，并实证检验了广东省2006~2016年的科技金融政策效果，结果表明广东省科技金融发展水平在2006~2016年不断上升，在科技金融政策效果中，金融环境和科技投入受宏观经济影响波动较大，科技产出一直保持稳定增长。定性评价主要依赖于对政策文本内容的统计和梳理，缺乏数理层面的研究和挖掘，而定量评价可以更客观、准确地评价科技金融政策。程欣炜等（2014）以江苏省450家中小企业（含133家科技型中小企业和317家一般中小企业）的分层抽样和问卷调查从企业、银行、政府和贷款本身等四个角度构建融资特征指标体系，运用二元Probit模型，对比考察了科技型中小企业与一般中小企业在商业银行融资影响因素上的相同点和差异性，研究结果表明企业类型、金融优惠政策和是否进驻园区对科技型中小企业融资难易程度的影响不大。武志伟等（2016）以江苏省13个省辖市的科技型企业作为研究对象，运用描述性统计方法对科技金融政策进行量化，并结合灰色关联度等方法对科技企业绩效与科技金融政策绩效进行分析，结果显示，科技金融政策出台数量的多少与科技型企业发展的关联度最低，而高新技术企业孵化器数量是科技型企业发展最重要的影响因素。

科技产出水平的方法与研究很多，由于科技投入与科技产出具有极强的相关性，并且科技投入的数据更容易获得，因此，一种简单的方法就是直接利用科技投入来衡量科技产出，显而易见，此种方法忽视了科技投入转化为科技产出的效率问题，两者并不能完全替代；另一种方法是以科技产出的某方面指标来衡量整体的科技产出，如专利数、论文数等。何丹等（2017）曾选取专利授权量、新产品销售收入、技术交易合同成交量以及技术交易额作为衡量科技创新程度的产出指标，并对我国19个主要省份的金融支持科技创新效率进行实证分析，但此种科技产出衡量方式对科技产出的评价不够全面，会造成研究结果的偏误和偶然性。编制专门的科技产出指数可以直观、综合地衡量科技产出水平，并且易于比较，但由于指数的构成指标相对固定，灵活性较低，导致在经济社会发生巨大变迁的背景下，指标难以得到及时修正。在科技产出评价的维度方面，吕晨等（2015）从直接产出与间接产出两个方面评价科技产出水平，并对中国区域科技产出进行评价研究；陈文军等（2014）在专利产出与科技产业化产出两个方面对科技产出进行衡量，并应用构建的城市科技竞争力评价指标体系，对江苏省主要城市的科技竞争力进行比较研究。对于科技产出指标权重的确定方法，目前主要有三种：主观赋权法、客观赋权法以及组合赋权法。傅春等（2017）曾在科技竞争力评价指标体系的构建中，采用熵值法对各项指标进行客观赋权，并结合超效率 DEA 方法测算了我国中部六省的科技资源配置效率。

综上所述，目前对科技金融政策的量化主要通过描述性统计分析、选取替代指标等方式，忽视了政策本身的内容；尚未存在直接评价科技金融政策效率的指标，科技金融政策评价主要是针对单个研究对象的纵向分析，结合多个对象的横向比较分析数量较少。为此，本章收集 2006～2017 年京津冀三地各级各类政府颁布的科技金融政策，对其政策量化结果进行描述性分析；从直接科技产出与间接科技产出两个方面构建科技产出指标体系，利用专家会议法和熵值法确定科技产出指标权重对京津冀三地科技产出进行对比分析；运用灰色关联度方法检验京津冀科技金融政策对科技产出的作用，进而评价京津冀三地的科技金融政策效率。

第一节　科技金融政策效率评价的过程与方法

一、政策文本量化方法

关于政策量化的具体方法，彭纪生和仲为国（2008）以技术创新政策为案例，在政策量化方面做出了有意义的探索性研究，制定出了一套政策量化标准的具体操作手册。本章借鉴该手册对京津冀地区的科技金融政策进行打分量化。为保证政策的内容和效度能够被全面反映，本章在政策力度、政策目标和政策措施三个方面对每项政策进行打分，其中，根据科技金融政策内容的具体特点，又将政策措施在科技金融主体、科技金融产品和科技金融环境三个维度进行细分。在评判标准中，政策力度主要根据发文机构的权力大小，政策目标主要根据政策中目标描述语气的强弱程度和详细程度，政策措施主要根据政策中所提及措施的具体程度依次从 0~5 进行打分，确定单一政策的最终量化值，最后单一年度政策的最终量化值为年度内所有政策的最终量化值的加和，具体计算如公式（5-1）所示：

$$PMG_{it} = \sum_{j=1}^{n} (m_j + g_j) p_j \tag{5-1}$$

其中 i 为得分政策的发表省份；t 为得分政策的发表时间；j 为第 i 个省份、第 t 年颁布的第 j 项政策；n 为第 i 个省份、第 t 年颁布的政策的项数；（$m_j + g_j$）为第 j 项政策的政策目标（goal）和政策措施（measure）的得分；p_j 为第 j 条政策的力度（power）得分；PMG_{it} 为第 i 个省份、第 t 年科技金融政策内容的力度、目标和措施的整体状况。

二、科技产出综合评价

本章拟采取建立科技产出指标体系的方式来评价科技产出水平，从直接产出与间接产出两个方面选取具体的科技产出指标，并且采用组合赋权法来确定指标体系中各指标的权重，本章的组合赋权法将主观赋权法与客观赋权法进行组合，具体是指将专家会议法与熵值法进行组合，此种组合赋权方式可以在考虑主观认知经验的情况下充分利用客观基础数据，相比于单一的赋权方式，组合赋权法具有更大的合理性、灵活性和科学性。

（一）科技产出指标体系

科技产出是有关科技的投入及相关活动所产生的成果，具体可以分为科技活动的直接产出和间接产出两个方面。科技直接产出主要包括科技论文、专利和专著等；科技间接产出主要是指科技成果的市场化，体现为对社会经济发展的贡献。本章选取直接科技产出与间接科技产出作为科技产出指标体系的一级指标，在每个一级指标下选取三个有代表性的科技产出指标作为二级指标来构建科技产出指标体系。具体来看，在直接科技产出中，选择科技论文数反映直接的科技文化成果产出情况，发明专利授权数反映直接的科技创新成果产出，高技术产业 R&D 项目数反映科技创新强度的变化情况；在间接科技产出中，选择技术市场成交额反映科技成果市场的整体交易情况，选择新产品销售收入反映科技新产品的产出情况，选择高技术产业主营业务收入反映高技术产业整体发展情况。其中，国外主要检索工具收录科技论文的数量和国内发明专利申请授权数的数据来源于《中国科技统计年鉴》，高技术产业 R&D 项目数、高技术产业新产品销售收入和高技术产业主营业务收入的数据来源于《中国高技术产业统计年鉴》，技术市场成交额的数据来源于《中国统计年鉴》。

（二）指标权重的确定

本章分别对科技产出指标体系中的一级指标和二级指标进行赋权，针对一级指标，采用专家会议法通过主观赋权确定直接科技产出指标与间接科技产出指标的权重，以及专家对各属性的重视程度来决定指标的权重，本研究寻找了相关领域的数名专家，分别对直接科技产出指标与间接科技产出指标重要程度打分，并经过讨论研究最终确定出一级指标层各项权重；针对二级指标，采用熵值法对各项二级指标进行客观赋权。

“熵”这个概念最初来源于热力学，后来被引入统计物理、化学以及生物学等领域。信息熵反映的是指标信息的效用价值，是对一个不确定的随机事件的度量。熵值法的出发点是根据评价指标值之间的差异程度来确定权重系数，其核心是确定各指标数据的差异性。如果一个事件的随机性越强，对应的熵值就越大；反之，若事件的确定性越强，直到成为必然事件，则熵值就变为零。指标的权重与该指标所包含的信息量相关联，因此，可以利用信息熵这个工具，计算出各个指标的权重。若某一指标观测值数据差别越大，则该指标对系统的比较作用就越大，即其在整个系统中包含和传递的信息越大，因而赋予该项指标较高的权重。

熵值法确定指标权重系数的具体步骤如下：

第一，将各指标同度量化，计算第 j 个指标下第 i 个方案的贡献度 P_{ij}：

$$P_{ij} = \frac{x_{ij}}{\sum_{i=1}^{m} x_{ij}} \qquad (5-2)$$

在公式（5-2）中，x_{ij} 代表第 j 个指标下第 i 个方案的观测数值，m 为待评方案总数。

第二，计算第 j 项指标的熵值 E_j：

$$E_j = -k \sum_{i=1}^{m} P_{ij} \times \ln(P_{ij}) \qquad (5-3)$$

在公式（5-3）中，常数 $k = 1/\ln(m)$，当 $P_{ij} = 0$ 时，令 $P_{ij} \times \ln(P_{ij}) = 0$。

第三，计算第 j 项指标的权重 W_j：

$$d_j = 1 - E_j \qquad (5-4)$$

$$W_j = \frac{d_j}{\sum_{j=1}^{n} d_j} \qquad (5-5)$$

在公式（5-5）中，d_j 为第 j 项指标的差异性系数，n 为所有参与熵权计算的指标数目。

科技产出指标体系中各项指标及其权重如表5-1所示，在科技产出的综合评价中，直接科技产出和间接科技产出的权重占比分别为 0.428 和 0.572，表明间接科技产出成果略重要于直接科技产出成果。在直接科技产出的评价中，国外主要检索工具收录科技论文的数量、国内发明专利申请授权数、高技术产业 R&D 项目数的权重占比分别为 0.396，0.489 和 0.115，其中国内发明专利申请授权数是直接科技产出的主要体现形式；在间接科技产出的评价中，技术市场成交额、高技术产业新产品销售收入、高技术产业主营业务收入的权重占比分别为 0.649，0.238 和 0.113，其中技术市场成交额是间接科技产出的主要体现形式。

表 5-1　科技产出指标体系及其权重

目标层	一级指标	权重	二级指标	权重	指标解释	指标方向
科技产出	直接科技产出	0.428	国外主要检索工具收录科技论文的数量	0.396	篇	+
			国内发明专利申请授权数	0.489	件	+
			高技术产业 R&D 项目数	0.115	项	+
	间接科技产出	0.572	技术市场成交额	0.649	万元	+
			高技术产业新产品销售收入	0.238	万元	+
			高技术产业主营业务收入	0.113	亿元	+

三、基于灰色关联度的科技金融政策投入与科技产出分析

1982 年邓聚龙教授提出灰色系统理论，其中的灰色关联度分析（Grey Relational Analysis），作为衡量因素间关联程度的一种方法，已经在社会、经济、生态等领域得到了广泛的应用。灰色关联分析是基于行为因子序列曲线几何形状的相似程度，以分析和确定相应序列之间的关联度。序列曲线越接近，则相应序列间的关联度就越强，可由此推断二者的内在联系就越大。相比于回归分析法，灰色关联度分析对样本数据的要求更低，它是研究"少数据""贫信息"不确定问题的新方法，其特点是"少数据建模"，弥补了相关分析的不足，对样本容量和数据分布没有特别要求，因而被广泛应用于社会经济分析的各个领域。

本节通过计算科技金融政策投入与科技产出之间的灰色关联度来评价科技金融政策效率。具体步骤如下：

（1）确定分析序列。设参考序列为 $Y_i(t)(i=1, 2, \cdots, s; t=1, 2, \cdots, m)$，比较序列为 $X_j(t)(j=1, 2, \cdots, n)$，其中，$i$ 代表参考序列；s 表示参考序列的个数；j 代表比较序列；n 表示比较序列的个数；m 代表各序列长度，参考序列与比较序列长度相等。本节参考序列为科技金融政策量化值序列，比较序列为科技产出指标值序列。

（2）进行无量纲化处理。由于参考序列与比较序列中各指标的量纲和数量级都不完全相同，不能直接进行运算和比较，需对序列进行无量纲化处理。鉴于本章已对科技产出指标采用了极差标准化的无量纲化处理，为保证参考序列和比较序列无量纲化方法的一致性，因此对科技金融政策量化值序列同样采用极差标准化方法进行无量纲化处理。

（3）求差序列。计算参考序列 $Y_i(i=1, 2, \cdots, s)$ 与因素序列 $X_j(j=1, 2, \cdots, n)$ 的差序列，记差序列 $\Delta_{ij}(k)=\left|y_j^*(k)-x_j^*(k)\right|$

$\Delta_{ij}=(\Delta_j(1), \Delta_j(2), \cdots, \Delta_j(z)), (i=1, 2, \cdots, s; j=1, 2, \cdots, n)$

其中，记 $M_i=\max_i \max_k \Delta_{ij}(k)$，$N_i=\min_i \min_k \Delta_{ij}(k)$

（4）求关联系数。关联系数用来反映参考序列和比较序列的关联程度，记参考序列与比较序列在评价期各时刻的关联系数为 $\gamma_{ij}(k)$

$$\gamma_{ij}(k)=\frac{N_i+\rho M_i}{\Delta_{ij}+\rho M_i}, \rho\in(0, 1), (i=1, 2, \cdots, s; j=1, 2, \cdots, n; k=1, 2, \cdots, z) \tag{5-6}$$

其中，ρ 为分辨系数，表示分辨力的大小，它有利于提高变量关联系数之间的差异显著性，ρ 越小，表示分辨能力越大，在实际运算中一般取 0.5。

（5）计算关联度。用符号 γ_{ij} 表示参考序列 Y_i 与因素序列 X_j 的关联度，则：

$$\gamma_{ij}=\frac{1}{n}\sum_{k=1}^{z}\gamma_{ij}(k) \quad(i=1, 2, \cdots, s; j=1, 2, \cdots, n; k=1, 2, \cdots, z)$$

$$\tag{5-7}$$

根据经验，当分辨系数 $\rho=0.5$，$\gamma_{ij}^{*}>0.6$ 时，分析结果是比较理想的，表明两个因素之间的关联度较强，并且灰色关联度取值越大，表明两者关联度越强。

第二节　京津冀科技金融政策效率的测算与分析

一、京津冀科技金融政策文本的量化分析

科技金融政策是为科学技术发展提供融资、保险、投资等金融方面支持的一种制度方式。科技金融政策具体将在需求、供给、环境和综合四个作用面产生效果，在不同的作用面下，科技金融政策还可以分为不同的政策主题。在与科技金融相关的规划和计划方面，有以战略规划为主题的科技金融政策，如北京市人民政府在 2006 年颁布的《关于印发北京市"十一五"时期中关村科技园区发展规划的通知》；在提供各项科技金融服务方面，分别有以"科技贷款""科技保险""创业风险投资""科技担保""融资租赁""政府采购"为主题的科技金融政策，如北京市科学技术委员会在 2009 年颁布的《关于启动 2009 年度"科技保险"保费补贴工作的通知》、天津市科学技术委员会在 2013 年颁布的《关于加快落实 2013 年科技型中小企业技术创新资金项目打包贷款工作的通知》、河北省人民政府在 2009 年颁布的《关于加强全省中小企业融资性担保体系建设的实施意见》；在优化科技金融生态环境方面，分别有以"科技资本市场""科技金融中介""孵化机构""科技产业""科技企业""信用体系""信息共享""人才激励""综合型"为主题的科技金融政策，如北京市科学技术委员会等六部门在 2010 年联合颁布的《北京市关于进一步加

强科技孵化体系建设的若干意见》、天津市人民政府在 2010 年颁布的《关于印发支持科技型中小企业发展若干政策的通知》、河北省人民政府在 2015 年颁布的《关于发展众创空间推进大众创新创业的实施意见》。

本章设定"科技金融""企业融资""技术创新""孵化器""科技贷款""风险投资""科技担保"等 17 个关键词作为法规全文检索词，在《中国法律检索系统》（北大法宝）中对 2005~2017 年京津冀地区二十多个政府部门单独或共同颁布的科技金融政策进行了收集和整理，并进行必要的筛选与剔除后，最终纳入研究样本的科技金融政策共计 736 项，其中北京市 233 项、天津市 302 项、河北省 201 项。

京津冀三地 2006~2017 年科技金融政策量化结果如表 5-2、图 5-1 所示，由此可以看出京津冀三地的科技金融政策量化值整体呈逐年上升趋势，且在 2011 年以来均有较大提高，这说明京津冀地区落实《国家中长期科学和技术发展规划纲要》加大了对科技的政策投入。从三地间比较来看，北京市科技金融政策水平较高，河北省和天津市的科技金融政策水平相当。

表 5-2　2006~2017 年京津冀科技金融政策量化值

年份 地区	2006	2007	2008	2009	2010	2011	2012	2013	2014	2015	2016	2017
北京市	104	59	35	175	128	382	248	243	254	312	231	112
天津市	50	136	171	85	115	227	250	306	319	247	222	235
河北省	85	69	45	87	83	155	138	109	126	254	328	163

二、京津冀科技产出的综合评价

由于各科技产出指标具有不同的数量级或量纲，不能直接进行加权求和，所以首先要对各科技产出指标进行归一化处理。本节采用极差标准化的方法对

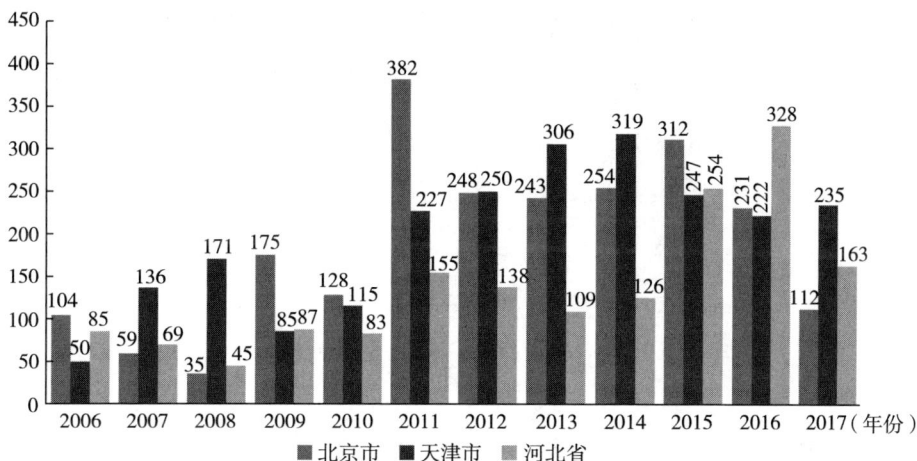

图 5-1　2006~2017 年京津冀科技金融政策量化值

六个科技产出指标进行归一化处理，对于正向指标的操作如公式（5-8）所示：

$$X_{ab} = \frac{x_{ab} - x_{\min}}{x_{\max} - x_{\min}} \tag{5-8}$$

在公式（5-8）中，X_{ab} 为归一化处理后的标准值；x_{ab} 为各项指标的原始值；$x_{\min}$ 和 $x_{\max}$ 分别为各类指标中的最小值和最大值。

根据以上公式，京津冀三地在 2006~2015 年各具体指标的标准化科技产出值如表 5-3 所示，表 5-3 反映了每个科技产出指标下不同省份、不同年份科技产出值的相对大小，指标科技产出最大值取 1，最小值取 0。从具体地区来看，国外主要检索工具收录科技论文数量最多为北京市（2015 年）、最少为河北省（2006 年）；国内发明专利申请授权数最大为北京市（2015 年）、最小为河北省（2006 年）；高技术产业 R&D 项目数最多为北京市（2013 年）、最少为河北省（2007 年）；技术市场成交额最大为北京市（2015 年）、最小为河北省（2006 年、2007 年）；新产品销售收入最多为天津市（2014 年）、最小

表 5-3 2006~2015 年京津冀具体指标标准化科技产出值

年份\指标	国外主要检索工具收录科技论文的数量			国内发明专利申请授权数			高技术产业R&D项目数			技术市场成交额			新产品销售收入			高技术产业主营业务收入		
	京	津	冀	京	津	冀	京	津	冀	京	津	冀	京	津	冀	京	津	冀
2006	0.376	0.041	0.000	0.099	0.016	0.000	0.436	0.030	0.003	0.198	0.013	0.000	0.213	0.512	0.000	0.633	0.508	0.000
2007	0.426	0.040	0.006	0.127	0.022	0.002	0.671	0.182	0.000	0.252	0.016	0.000	0.808	0.470	0.004	0.767	0.460	0.024
2008	0.502	0.052	0.024	0.174	0.034	0.004	0.482	0.363	0.058	0.294	0.021	0.000	0.722	0.438	0.012	0.722	0.414	0.054
2009	0.507	0.054	0.019	0.251	0.042	0.008	0.343	0.266	0.092	0.355	0.026	0.000	0.786	0.405	0.016	0.681	0.402	0.075
2010	0.647	0.076	0.046	0.310	0.044	0.016	0.096	0.155	0.063	0.455	0.030	0.001	0.720	0.443	0.022	0.760	0.497	0.141
2011	0.600	0.067	0.026	0.443	0.061	0.030	0.535	0.358	0.102	0.545	0.045	0.003	0.789	0.414	0.028	0.758	0.599	0.181
2012	0.641	0.086	0.036	0.565	0.084	0.044	0.666	0.572	0.179	0.710	0.063	0.006	0.695	0.609	0.067	0.820	0.809	0.222
2013	0.772	0.105	0.040	0.581	0.075	0.046	1.000	0.483	0.223	0.825	0.076	0.005	0.841	0.970	0.092	0.885	0.990	0.266
2014	0.873	0.118	0.061	0.654	0.082	0.054	0.744	0.578	0.308	0.908	0.108	0.004	0.992	1.000	0.131	0.967	1.000	0.299
2015	1.000	0.145	0.054	1.000	0.121	0.098	0.535	0.343	0.181	1.000	0.142	0.007	0.848	0.928	0.169	0.928	0.988	0.349

为河北省（2006 年）；高技术产业主营业务收入最多为天津市（2014 年）、最少为河北省（2006 年）。据此可发现，各科技产出指标最大值均在京津两地，其中北京居多，而最小值全部出现在河北省，并且集中分布在 2006 年。

结合各具体指标的数据，再将各指标按照熵值法确定的权重进行加权求和，得到标准化的综合科技产出值，如表 5-4 所示，其趋势图如图 5-2 所示。从中可看出，三地的科技产出在 10 年间均稳步上升。其中北京市科技产出水平最高，增长幅度最大，2015 年的科技产出是 2006 年的 4 倍，体现出北京建设科技中心的成果；天津市科技产出水平居于中间，在 2011 年出现明显增长；河北省的科技产出与京津相比较为落后，科技产出增长较为平缓。

表 5-4　2006~2015 年京津冀标准化综合科技产出值

年份 地区	2006	2007	2008	2009	2010	2011	2012	2013	2014	2015
北京市	0.249	0.385	0.399	0.438	0.495	0.580	0.671	0.779	0.856	0.952
天津市	0.119	0.120	0.128	0.122	0.133	0.153	0.219	0.281	0.307	0.310
河北省	0.000	0.004	0.013	0.017	0.027	0.032	0.050	0.059	0.075	0.087

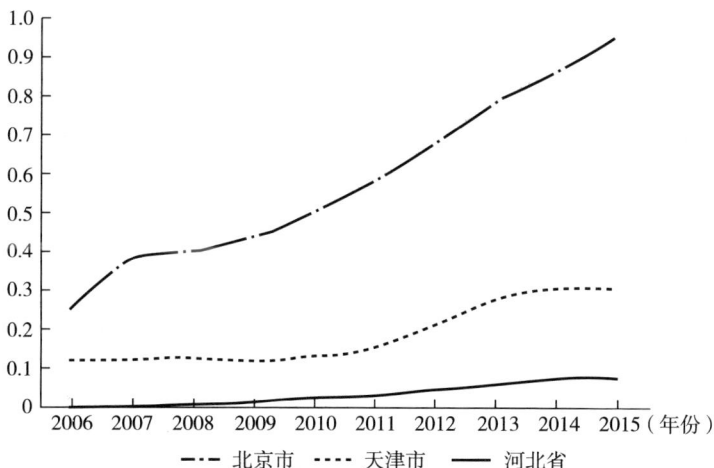

图 5-2　2006~2015 年京津冀标准化综合科技产出值

第三节 科技金融政策效率分析

采用前文的方法，首先测算京津冀三地科技金融政策与科技产出二级指标和综合指标的灰色关联度，具体结果如表5-5所示。由此可以分析得出：京津冀三地的科技金融政策与科技产出在2006~2015年整体上具有关联性，说明三地的科技金融政策整体有效，并且灰色关联度的取值范围为（0.523，0.778），以灰色关联度取值0.6为判断标准，则显著影响组合数为14，不显著影响组合数为4，其中，在不显著组合中，北京市占1项，天津市占3项，天津市科技论文数、专利数等直接科技产出效果不明显；在京津冀科技金融政策对所有科技产出指标的影响中，科技金融政策有效性最强作用于北京的国内发明专利申请授权数，有效性最弱作用于北京的高技术产业主营业务收入，表明北京市的科技金融政策对各科技产出指标的影响差异最大；根据京津冀三地科技金融政策与各科技产出指标的灰色关联度的排序，北京市取值前三位分别是（国内发明专利申请授权数>技术市场成交额>国外主要检索工具收录科技论文的数量），天津市取值前三位分别是（高技术产业主营业务收入>新产品销售收入>高技术产业R&D项目数），河北省取值前三位分别是（高技术产业主营业务收入>高技术产业R&D项目数>新产品销售收入），津冀的科技产出效果更为相似，北京市科技金融政策对直接科技产出更为有效，而天津市与河北省的科技金融政策对间接科技产出更为有效；在各科技产出指标中，京津冀三地科技金融政策效果均有效的指标为（高技术产业R&D项目数、新产品销售收入），表明科技金融政策对高科技产业项目投入以及科技新产品开发有较为直接和普遍的影响。

表5-5　科技金融政策与科技产出二级指标灰色关联度

	国外主要检索工具收录科技论文的数量	国内发明专利申请授权数	高技术产业R&D项目数	技术市场成交额	新产品销售收入	高技术产业主营业务收入
京	0.624	0.778	0.612	0.686	0.603	0.523
津	0.565	0.559	0.705	0.554	0.761	0.777
冀	0.666	0.666	0.735	0.652	0.680	0.768

　　为了更直观地评价京津冀三地的科技金融政策效率，将前文中6个科技产出指标通过熵值法转化为一个科技产出综合指标，再分别计算出京津冀三地科技金融政策量化值与科技产出综合指标的灰色关联度，以此作为京津冀科技金融政策效率的衡量指标，用来评价和比较京津冀三地科技金融政策效率，具体结果如表5-6所示。

表5-6　京津冀科技金融政策效率

科技金融政策效率	北京市	天津市	河北省
	0.653	0.570	0.672

　　表5-6直接反映了京津冀三地在2006～2015年的科技金融政策效率，以0.6作为灰色关联度取值的判别标准，北京市（0.653）与河北省（0.672）科技金融政策与科技产出的关联度较强，而天津市（0.570）科技金融政策与科技产出的关联度较弱，表明京冀的科技金融政策取得了预期的效果。比较来看，河北省的科技金融政策效率略高于北京市，天津市的科技金融政策效率最低，未能产生理想的科技产出效果。对于京冀两地来说，尽管两地的科技金融政策取得了一定效果，但灰色关联度取值仍然较低，两者取值均还未达到0.7的水平，表明科技金融政策效果并未充分发挥，科技金融政策效率还可以继续提高。

本章从政策力度、政策目标和政策措施三个方面深入研究科技金融政策对科技产出的影响进而探究京津冀三地科技金融政策效率均不高的原因，京津冀三地科技金融政策在政策力度、政策目标和政策措施方面与其科技产出水平的灰色关联度如表5-7所示。

表5-7　政策力度、政策目标、政策措施与科技产出的灰色关联度

地区＼科技金融政策	政策力度	政策目标	政策措施
北京市	0.561	0.522	0.537
天津市	0.631	0.605	0.592
河北省	0.632	0.619	0.692

上述结果表明：北京市科技金融政策在政策力度、政策目标和政策措施方面表现均不理想，其中政策目标的效率最低，结合其较高的科技发展水平来看，表明北京市科技发展中科技金融政策因素占比相对较小，未能形成有效的政策合力，存在一些政策资源的浪费。究其原因，可能是由于北京市独有的政治经济优势使其具有众多促进科技发展的因素，进而冲淡了科技金融政策的效果；天津市科技金融政策在政策力度与政策目的方面达到预期效果，但在政策措施方面略显不足，表明天津市科技金融政策在规划与制定环节较为有效，但在政策落实环节效率不高，缺乏高效的政策实施办法，应该加强其科技金融政策在落地环节的力度；河北省科技金融政策在三个方面均达到了预期的政策效果，其三项效率值都位于京津冀之首，尤其在政策措施方面取值较高，表明河北省科技金融政策得到了较严格、高效的执行，科技金融政策的能量得到有效释放。从京津冀三地科技金融政策的比较来看，既有共性也有差别：共性体现在三地的科技金融政策力度在三项指标中均为最优，表明京津冀三地均重视科技金融政策并给予有力的保障；在政策目标方面，京津冀三地分值

均不高，表明科技金融政策还缺少整体统一的体系，科技金融政策的核心目标还有待明确；在政策措施方面，京津两地作为直辖市，科技金融政策的传导与落地过程较为直接，政策层级较为简单，而河北省政策层级更加明确清晰，具体的市县可以对科技金融政策的实施进行充分调节和进一步的分工安排，进而使科技金融政策得到高效落实。简言之，加强科技金融政策核心目标的协同以及提高政策落实效率是今后京津冀科技金融政策效率提升的关键因素。

第四节　结论与建议

本章以京津冀的科技金融政策为研究对象，从投入—产出角度评价和比较了三地的科技金融政策效率。立足京津冀三地的736项科技金融政策的文本内容并运用政策量化标准手册对其逐一打分；构建科技产出指标体系，运用专家会议法与熵值法对直接科技产出和间接科技产出进行赋权，实现对京津冀三地科技产出水平的综合评价；运用灰色关联度方法揭示各类科技产出和科技金融政策的关联性，并在此基础上对京津冀科技金融政策效率进行比较与分析。研究结果显示：京津冀三地的科技金融政策效率具有一定的差异性，京冀两地的科技金融政策效率较高，天津市的科技金融政策效率较低。从具体的科技产出指标来看，北京市的科技金融政策投入导致的科技成果主要体现在发明专利方面，而津冀两地所导致的科技成果主要体现在高技术产业方面；将京津冀科技金融政策效率与其科技产出水平结合来看，科技产出水平最高的北京市具有基本有效的科技金融政策效率，科技产出水平相对落后的天津市具有最低的科技金融政策效率，科技金融政策效率最为理想的河北省，其科技产出水平却远落后于京津两地，这说明京津冀地区的科技创新水平不均衡现象的背后政策因素的占比并不大；三地的科技金融政策效果并未充分发挥，均有进一步提升的必要和空间。

进而本章通过政策力度、政策目标、政策措施三个方面深入探讨影响科技金融政策效率的因素，结合分析数据，发现京津冀地区科技金融政策效率并不高的原因体现在政策投入、政策传导和政策产出三个方面：在政策投入方面，未能形成完整的科技金融政策体系，科技金融政策的核心目标不甚明确，科技金融政策的合力有待提高，科技金融政策落实中缺乏清晰的部门职责分工；在政策传导方面，三地科技金融政策的实施环境并不完善，在科技金融政策实施过程中还缺乏一定的监督机制与效果反馈机制；在政策产出方面，京津冀三地科技创新水平相差悬殊，三地科技金融政策对其科技创新水平产生的影响也较为不同，北京市科技发展水平较高，政策因素只是推动其科技发展的众多因素之一，科技金融政策效果在天津和河北两地也并未完全发挥其作用。

科技金融政策效率的提高是一个涉及国家机关、地方政府、科研组织以及科技型企业等多个主体的长期过程，为提高京津冀地区的科技金融政策效率，提出以下建议：一是国家层面要确立科技金融政策的核心目标，加强顶层设计和发展规划，努力营造出一个良好科技金融政策实施环境，构建出一套整体的、系统的科技金融政策体系，扫清科技金融政策实施过程中的制度性障碍，并且要明确各部门机关对科技金融政策的职责分工，防止"政出多门"现象，加大科技金融政策的落实力度与监督强度；二是京津冀地方政府层面，在贯彻国家整体的科技金融政策体系的基础上，要因地制宜，充分考虑本地科技金融政策与科技创新实践的具体实情，并结合京津冀地区的地域特殊性，制定出一套适合本地科技创新发展的区域性科技金融政策，尤其是对于京津两地而言，一定要充分调动各部门的力量实现科技金融政策的有效落地；三是完善科技金融政策的传导机制，科技金融政策作为一项制度供给，要充分满足科技型创新企业的现实需求，要发挥科技金融政策的引导作用，从政府对企业的直接干预变为间接引导，使市场在资源配置中的决定性作用与政府的引导性作用有效结合，以此提高科技创新能力与科技产出成果。

第六章　京津冀科技金融政策对区域创新的影响

党的二十大报告指出，要加快实施创新驱动发展战略。提升科技投入效能，深化财政科技经费分配使用机制改革，激发创新活力。加强企业主导的产学研深度融合，强化目标导向，提高科技成果转化和产业化水平。强化企业科技创新主体地位，发挥科技型骨干企业引领支撑作用，营造有利于科技型中小微企业成长的良好环境，推动创新链、产业链、资金链、人才链深度融合。

科技金融政策是科技金融理念的载体，是政府引导和推动科技金融乃至区域创新水平的发展的关键手段。在科技金融政策与区域创新发展水平关系的研究方面，武志伟等（2016）选择江苏省的科技型企业作为研究对象，运用描述性统计和灰色关联度等方法对样本城市的科技企业绩效与政策绩效进行了分析，发现科技金融政策对地区科技创新产出具有时滞效应和时间累积效应。苑泽明等（2018）运用公共政策理论构建科技金融政策执行框架，采用问卷调查和多案例研究方法探索影响政策获知、政策申请及政策落实的因素及其作用机制，发现拨款及时性、部门间协作与资金监管共同作用于政策落实，影响企业对政策执行的最终满意度。

从地理空间结构上看，京津冀地区仅有南面敞开，其余三面或环山或沿海，尽管京津冀三省市的经济发展水平存在着梯次差异，但它们的社会经济联系从古至今都是极为密切的，天津和河北相对于首都北京形成了相对独立和完整的外围—核心典型性经济空间结构；此外，北京、天津、河北区域创新发展水平梯度差异较大，京津冀地区内部科技金融政策颁布与实施也极不平衡，基于此，厘清京津冀地区科技金融政策发展现状，明晰京津冀地区在完善科技金融政策以促进区域创新能力发展方面所遇到的问题，并在此基础上提出促进科技金融政策更好服务于区域创新发展的对策和建议，为进一步推进京津冀地区创新驱动发展战略提供有力的论据参考和重要的科学支撑是十分有必要的。本章的价值体现在：一是从科技金融政策的视角探寻该地区 43 个地市区科技创新产出的差异；二是运用空间计量模型对该地区科技金融政策及其对区域创新的影响进行实证研究，以此更好地对京津冀地区科技金融政策的发展状况进行评价，为促进区域创新水平发展提供科学建议。

第一节　京津冀科技金融政策发展现状研究

一、政策文本量化方法

为了更全面地反映科技金融政策的内容和效度，在借鉴纪陈飞和吴群（2015），张炜等（2016）研究的基础上从政策力度、政策目标和政策措施三个维度对科技金融政策进行量化，具体标准见表 6-1。

科技金融政策力度是指政策的颁布实施后特定社会群体对政策的信服程度，这与政策发布主体的威信息息相关。量化科技金融政策力度，主要从区分政策颁布主体的行政级别来度量。科技金融政策目标是指有关主体为了促进科技金融相关问题的解决而采取的政策行为所要达到的目标、指标和效果，具有明确性、针对性和可能性的特点。对科技金融政策目标进行量化，主要从区分科技金融政策文本的内容对科技金融支持的全面程度，以及其在处理科技金融发展中所遇到的问题的行政效率的高低上来进行。科技金融政策措施是指针对解决科技金融问题而采取的处理办法。量化科技金融政策措施，本章主要从区分科技金融政策内容所体现的政策行为的具体程度来度量。

表 6-1　科技金融政策量化标准

指标	得分	评判标准
政策力度	5	省级人民代表大会及其常务委员会制定的法律法规或批准的条例、规定、决定、规划（纲要）
	4	市（区）人民政府或省级各部门制定的法律法规
	3	市（区）人民政府颁布的暂行条例、暂行规定、规划纲要、意见、办法、方案
	2	市（区）各部门暂行条例、暂行规定、意见、办法
	1	市（区）各部门暂（试）行办法、暂行意见、通知等
政策目标	5	对科技金融全方面而且强有力的支持；给予特别优惠；简化行政程序，提高效率
	4	对科技金融大力支持；给予较高优惠；简化行政程序，提高效率
	3	支持科技金融，给予某方面优惠；简化行政程序
	2	涉及科技金融；给予一定优惠；行政审批比较严格
	1	仅提及科技金融；没有优惠政策；行政审批严格
政策措施	5	列出具体措施，针对每一项均给出严格的执行与控制标准，并对其进行具体说明
	4	列出具体措施，针对每一项给出较详细的执行与控制标准
	3	列出较具体的措施，从多个方面分类给出大体的执行内容
	2	列出一些基础措施，并给出简要的执行内容
	1	仅从宏观上谈及相关内容，没有具体操作方案

在对科技金融政策力度、政策目标和政策措施进行赋值量化后，将目标分值和措施分值之和与力度分值进行相乘，即得到某项科技金融政策的评价分值：

$$TFG_j = PG_j \times (TG_j + MG_j) \tag{6-1}$$

在公式（6-1）中，TFG_j 表示第 j 项科技金融政策的评价分值，PG_j 表示第 j 项科技金融政策的政策力度分值，TG_j 表示第 j 项科技金融政策的政策目标分值，MG_j 表示第 j 项科技金融政策的政策措施分值。

以此求某地级市行政规划区的所有相关科技金融政策评价分值的总分，即为某一地区某一单一年度科技金融政策评价分值：

$$TTFG_t = \sum_{j=1}^{n} TFG_j \tag{6-2}$$

在公式（6-2）中，$TTFG_t$ 表示第 t 年某地级市级别行政规划区的科技金融政策评价分值，n 表示该地级市行政规划区在第 t 年出台的科技金融政策文件数量，TFG_j 表示该地区在第 t 年出台的第 j 项科技金融政策评价分值。

在经济社会运行的实践中，对相关社会经济活动真正起到作用的不仅是当年颁布的新政策，而且包括截至当时的所有相关未过期政策的效力累积，因此在计算每一地区某一年度政策得分之后，需要通过公式来计算截至当年的科技金融政策评价分值的累加值，即科技金融政策发展水平得分：

$$NTTFG_t = \sum_{t=2012}^{t-2011} TTFG_j \tag{6-3}$$

在公式（6-3）中，$NTTFG_t$ 表示截至第 t 年某地级市级别行政规划区的科技金融政策发展水平评价分值，$TTFG_j$ 表示第 j 年单一年度某地级市级别行政规划区的科技金融政策评价分值。

本节选取京津冀地区北京市辖的海淀区、东城区等 16 个区，天津市辖的和平区、河西区等 16 个区，河北省的邢台市、张家口市等 11 个城市，一共选取 43 个区市 2012~2016 年的市级层面科技金融政策文本以及京津冀 3 个省级行政区划的省级层面科技金融政策文本为样本，相关资料通过官网和数据库搜集获取。经过仔细整理、遴选和调整，共收集了 487 份作为研究样本。

二、京津冀科技金融政策文本量化结果和分析

按照前文所设定的科技金融政策量化评价标准，计算出 2012~2016 年科技金融政策发展水平分值结果如表6-2所示。

表6-2　2012~2016年京津冀各区市科技金融政策发展水平得分情况

单位：分

年份 地区	2012	2013	2014	2015	2016
（京）东城区	350	868	1077	1422	1651
西城区	358	876	1085	1430	1646
朝阳区	350	868	1077	1422	1642
丰台区	350	868	1077	1426	1646
石景山区	350	868	1077	1422	1643
海淀区	415	980	1228	1619	1881
顺义区	359	877	1086	1431	1639
通州区	356	874	1083	1428	1636
大兴区	350	868	1077	1422	1640
房山区	350	868	1077	1428	1636
门头沟区	350	868	1077	1422	1630
昌平区	370	898	1107	1468	1700
平谷区	350	868	1077	1422	1630
密云区	350	868	1077	1422	1630
怀柔区	350	868	1077	1422	1646
延庆区	350	868	1077	1422	1630
（津）和平区	271	309	699	1049	1454
河东区	271	309	699	1049	1450
河西区	271	309	699	1049	1454
南开区	275	313	703	1057	1452
河北区	273	311	701	1051	1446
红桥区	279	317	707	1057	1460

续表

地区＼年份	2012	2013	2014	2015	2016
滨海新区	321	819	1009	1459	1666
东丽区	271	309	699	1053	1448
西青区	275	317	707	1057	1458
津南区	271	309	699	1069	1480
北辰区	271	309	699	1051	1446
武清区	271	309	699	1049	1460
宝坻区	271	309	699	1049	1452
宁河区	271	309	699	1049	1468
静海区	271	309	699	1049	1448
蓟州区	271	309	699	1063	1482
（冀）保定	99	224	404	622	807
唐山	99	224	400	626	821
石家庄	108	239	431	673	878
廊坊	99	224	414	664	877
秦皇岛	99	224	412	630	831
张家口	99	224	400	618	803
承德	99	224	400	618	831
沧州	99	224	404	622	839
衡水	99	224	400	634	871
邢台	105	230	412	630	858
邯郸	105	234	410	678	890

可以看出京津冀各区市科技金融政策发展水平差异较大，2012 年科技金融政策发展水平最高区市与最低区市相比，两者相差超过 3 倍，排名前 5 位区市的政策发展水平分值平均值为 364 分，排名后 5 位省份得分平均值为 99 分，前者是后者的近 4 倍。2016 年科技金融政策发展水平最高区市与最低区市相比，两者相差超过 1 倍，排名前 5 位区市的政策发展水平分值平均值为 1703 分，排名后 5 位省份得分平均值为 820 分，前者是后者的 2 倍。这些都说明京

津冀各区市科技金融政策发展水平差异严重。从时间维度来看，京津冀地区各区市科技金融政策发展水平总体上呈现逐年增长趋势，这与科技金融的蓬勃发展和国家政策倾向契合，但是各市区的得分差距在逐年扩大，呈现明显的不均衡发展。纵观2012~2016年的科技金融政策发展水平得分情况，京津冀三地领头区市的领先优势在不断扩大，这与实际情况相吻合。北京凭借其科技创新中心的区位优势，使其辖内各区的科技金融政策分值均领先于天津市和河北省的辖内区市。

第二节　京津冀地区创新水平评价分析

一、指标选取与数据来源

区域创新指在特定创新环境下进行相应创新投入，从而获得相应创新产出的一种行为，包含创新环境、创新投入和创新产出等要素。在实际的创新产出过程中，衡量的变量有许多，本章参考钱敏（2016）、谢彦龙等（2017）的研究，依据指标科学性和数据可得性对指标进行分析和挑选，选取了7个指标，具体可参见表6-3。

创新投入用来衡量创新资源的配置情况，一般包括创新资金资源投入和相关创新人才资源投入。本章在创新投入方面，分别从财政科技支出、R&D经费内部支出和教育经费支出占一般公共财政支出比重来表示区域创新投入状况；创新产出能够直接反映出区域创新的效果，通过发明专利拥有量和技术合同成交额表示区域创新转化效果和应用效果；创新环境是为了开展创新活动提供的基础条件，包括经济基础、教育基础等，本章以人均GDP和公共图书馆藏书量来表示区域创新环境状况。

表6-3　京津冀区域创新水平评价指标

一级指标	二级指标	指标代码
创新投入 X1	财政科技支出（亿元）	A1
	R&D 经费内部支出（亿元）	A2
	教育经费支出占一般公共财政支出比重（%）	A3
创新产出 X2	发明专利拥有量（件）	A4
	技术合同成交额（亿元）	A5
创新环境 X3	人均GDP（万元）	A6
	公共图书馆藏书量（万册）	A7

　　根据上文构建的区域创新发展水平评价体系里的相关指标，以京津冀地区43个地级市级别区市为样本，对其2013~2017年创新发展水平进行研究。文中数据主要来自《北京统计年鉴》（2013~2017年）、《天津统计年鉴》（2013~2017年）和《河北统计年鉴》（2013~2017年）等相关国民经济与社会发展统计公报。

二、京津冀区域创新水平评价方法

　　本章采用熵值法来确定区域创新发展水平各项评价指标的权重。由于反映区域创新发展水平的相关指标数据在计量单位、数量级等方面具有较大差异，必须先对其进行规范化处理，这样才能进行合成计算。本章对区域创新发展水平各项评价指标进行无量纲化处理时选用标准化法（Z-SCORE 法），并且由于标准化法的评价值结果有正有负，将初步处理结果乘以100并向上平移150个单位，使所有评价值为正数，更符合习惯便于观察。通过对相关数据的计算得出权重如表6-4所示：

表 6-4 各区域创新发展水平评价指标权重

相关指标	权重
发明专利拥有量（件）	0.295
技术合同成交额（亿元）	0.243
人均 GDP（万元）	0.123
R&D 经费内部支出（亿元）	0.234
教育经费支出占一般公共财政支出比重（%）	0.035
财政科技支出（亿元）	0.040
公共图书馆藏书量（万册）	0.030

区域创新发展水平综合评价计算如下式：

$$TG_j = \sum_{i=1}^{n} X_{ij} A_j \tag{6-4}$$

在公式（6-4）中，TG_j 为某一区市第 j 年区域创新水平评价得分，X_{ij} 为第 i 项指标的权重，通过熵值赋权法求得，A_j 为第 j 项指标的数值。

三、京津冀区域创新发展水平评价结果和分析

利用上述方法，计算出 2012~2016 年京津冀区域创新发展水平得分情况（见表 6-5）：

表 6-5 2012~2016 年京津冀区域创新发展水平得分情况 单位：分

地区	区市	2012 年	2013 年	2014 年	2015 年	2016 年
北京	东城区	167	186	198	216	232
	西城区	166	198	248	251	256
	朝阳区	234	257	277	305	330
	丰台区	177	194	179	196	213
	石景山区	114	112	114	126	126
	海淀区	420	444	471	529	572
	顺义区	124	132	143	158	160
	通州区	108	110	112	129	131

地区	区市	2012 年	2013 年	2014 年	2015 年	2016 年
北京	大兴区	118	124	130	137	146
	房山区	104	102	103	111	110
	门头沟区	97	97	96	102	104
	昌平区	134	137	146	157	162
	平谷区	98	98	101	105	104
	密云区	97	99	100	105	106
	怀柔区	103	102	105	111	111
	延庆区	95	95	96	99	100
天津	和平区	141	141	139	145	143
	河东区	125	114	108	120	112
	河西区	119	124	122	126	127
	南开区	130	137	124	121	127
	河北区	112	115	113	117	118
	红桥区	109	111	109	106	113
	滨海新区	318	362	387	427	447
	东丽区	147	142	145	161	161
	西青区	163	153	152	165	174
	津南区	130	141	148	149	154
	北辰区	143	145	154	153	158
	武清区	127	132	145	157	156
	宝坻区	117	131	136	131	135
	宁河区	114	122	124	123	123
	静海区	116	120	123	125	129
	蓟州区	109	109	111	107	109
河北	保定	139	147	151	162	139
	唐山	163	171	177	178	182
	石家庄	158	167	176	191	211
	廊坊	115	117	121	132	136
	秦皇岛	113	115	116	126	131
	张家口	103	106	107	107	109
	承德	106	106	108	109	111

续表

地区	区市	2012 年	2013 年	2014 年	2015 年	2016 年
河北	沧州	114	118	121	127	131
	衡水	105	107	108	113	112
	邢台	107	111	113	123	127
	邯郸	117	122	125	138	142

京津冀地区区域创新发展水平差异悬殊，2012 年区域创新发展水平最高区市是最低区市的近 4 倍，排名前 5 位和排名后 5 位区市的区域创新发展水平平均值分别为 262.54 分和 99.4 分，前者比后者超 1 倍。2016 年区域创新发展程度最高区市与最低区市相差超过 3 倍，排名前 5 位区市的区域创新发展水平平均值为 314.54 分，排名后 5 位区市的区域创新发展水平平均值为 116.4 分，前者是后者的近 3 倍。这些都说明各区市区域创新发展水平差异明显，从空间维度上综合考虑河北省的地级市与北京、天津的区市人口和区域面积的差异，区市间的区域创新发展水平差异更加明显，但同时也表明区域创新发展水平与地区经济发展程度具有较好的契合性。从时间维度来看，计算出的结果显示出京津冀地区各区市区域创新发展水平总体上逐年提高，并且各市区的得分差距在逐年扩大，呈现明显的不均衡发展。京津冀三省市的各区市区域创新发展水平具有较大的差异，且这种差距随着时间的推移越来越大。因此可以表明，尽管京津冀区域协同发展战略在不断推进，但短期内仍然难以打破京津冀三地之间创新能力不平衡的局面。

第三节　空间实证分析

一、研究方法

空间权重矩阵作为空间计量模型的关键变量，常常被用来衡量研究对象间的空间关联性。所以本章首先构建各地级市级别的行政规划区的空间权重矩阵 W，因为是基于京津冀 43 个地级市级别的行政规划区数据进行分析，因此构建的邻接关系空间权重矩阵 W 是一个 43×43 阶方阵。元素 w_{ij} 为非标准化邻接关系空间权重矩阵的元素，$w_{ij}{}'$ 则为标准化后邻接关系空间权重矩阵的元素，构建原则如公式（6-5）所示：

$$w_{ij}=\begin{cases} 1，当\ i\ 市（区）和\ j\ 相邻 \\ 0，当\ i\ 市（区）和\ j\ 不相邻 \end{cases} \qquad w_{ij}{}'=\begin{cases} \dfrac{w_{ij}}{\sum\limits_{j} w_{ij}}，当\ i\ 市（区）和\ j\ 相邻 \\ \\ 0，当\ i\ 市（区）和\ j\ 不相邻 \end{cases}$$

$$(6-5)$$

地理空间因素的两种主要表现形式为因变量的空间滞后项和误差干扰项，因此如果是由因变量的空间滞后项来体现相关变量之间的空间自相关，那么在模型的构建过程中用于检验科技金融政策发展水平与区域创新发展水平关系的模型就应该使用空间滞后模型 SLM，模型具体形式为：

$$TG=\beta_0+\lambda WTG+\beta_1 NTTFG+\varepsilon \qquad (6-6)$$

在公式（6-6）中，空间滞后变量 WTG 为邻近区市区域创新发展水平差距变量的加权求和，W 为 43×43 阶邻接关系空间权重矩阵，λ 为空间自回归系数，被用来测度邻近区市解释变量对本地区区域创新发展水平的影响。

如果用模型解释变量忽略的变量来体现相关变量之间的空间自相关关系，那么就应该选择空间误差模型 SEM 来作为检验科技金融政策发展水平与区域创新发展水平关系的模型，模型具体形式为：

$$TG = \beta_0 + \beta_1 NTTFG + \rho W\mu + \varepsilon \qquad (6-7)$$

在公式（6-7）中，$W\mu$ 代表空间滞后误差项，参数 ρ 代表空间误差自相关系数，用来衡量回归残差之间空间相关的强度，即邻近区市的空间误差项对本地区区域创新发展水平的影响力。

如果要检验某一区市科技金融政策发展水平的提高对周边区市区域创新水平发展的溢出效应，则需要构建空间杜宾模型 SDM，具体形式如下：

$$TG = \beta_0 + \lambda WTG + \beta_1 NTTFG + \delta W\_NTTFG + \varepsilon \qquad (6-8)$$

在公式（6-8）中，W_NTTFG 是在构建 SDM 模型过程中加入的区市科技金融政策发展水平的空间滞后解释变量，δ 则为相应的回归系数。

二、空间自相关检验与模型结果分析

检验空间自相关最常用的方法是使用 Moran's I 指数来检验经济变量的空间集聚状况。从表6-6中可以看出，2012~2016年京津冀各区市科技金融政策发展水平的 Moran's I 指数均为正值，并且都在1%的水平下显著，这说明各区市科技金融政策发展水平具有明显的空间正相关性，呈现空间集聚现象，虽然京津冀区域创新发展的 Moran's I 指数也是正值，但是指数值不高，另外从 Moran's I 指数的变化情况来看，京津冀科技金融政策发展水平和区域创新发展的空间相关性呈明显下降趋势，说明京津冀科技金融政策发展水平和区域创新发展水平趋向于均衡发展。

表 6-6   2012~2016 年京津冀科技金融政策得分和

区域创新水平得分的 Moran's I 指数

年份	科技金融政策得分 Moran's I 指数	区域创新水平得分 Moran's I 指数
2012	0.517	0.345
2013	0.612	0.333
2014	0.551	0.312
2015	0.519	0.310
2016	0.499	0.296

注：表格内相关结果均在 1% 水平下显著。

另外，为进一步对京津冀科技金融政策发展水平以及京津冀区域创新发展水平空间相关性的变化进行比较分析，本章分别制作出 2012 年与 2016 年相关变量的高低聚类分析表，从表 6-7 中可以看出，2016 年科技金融政策发展水平中京津冀地区共有 28 个区市显示出正的空间相关性，占比达 65.11%，其中有 20 个区市为高的科技金融政策发展水平集聚（即科技金融政策发展水平 HH 空间关联模式），有 8 个区市为低的科技金融政策发展水平集聚（即科技金融政策发展水平 LL 空间关联模式），说明科技金融政策发展水平呈空间集聚趋势，即科技金融政策发展水平高的区市更多邻接的是其他科技金融政策发展水平高的区市。

表 6-7   2016 年各区市科技金融政策发展水平和区域

创新发展水平的空间相关模式

区市	NTTFG	TG	区市	NTTFG	TG
廊坊	LH	HL	大兴区	HH	LH
张家口	LH	HL	宁河区	HH	HH
秦皇岛	LL	LL	北辰区	HH	HL
唐山	LL	HL	西青区	HH	HH
石家庄	LL	HL	东丽区	HH	HH

区市	NTTFG	TG	区市	NTTFG	TG
衡水	LL	LH	红桥区	HH	LL
邢台	LL	LL	河北区	HH	LL
邯郸	LL	LL	南开区	HH	LL
保定	LL	HL	宝坻区	HL	LH
沧州	LL	LH	河东区	HH	LL
承德	LL	LL	河西区	HH	LL
怀柔区	HL	LL	和平区	HH	LL
延庆区	HH	LL	静海区	HL	HH
顺义区	HH	HL	津南区	HH	LL
通州区	HH	LH	密云区	HH	LL
朝阳区	HH	HH	平谷区	HL	LL
昌平区	HH	HH	蓟州区	HL	LL
门头沟区	HH	LH	武清区	HH	HH
石景山区	HH	HH	滨海新区	HL	HH
海淀区	HH	HH	西城区	HH	HH
丰台区	HH	HH	东城区	HH	HH
房山区	HH	LH			

注：限于篇幅，这里只列出 2016 年的测度结果。

从表 6-7 中也可以看出，2016 年京津冀地区区域创新发展水平中京津冀地区共有 29 个区市显示出正的空间相关性，占比达 67.44%，其中有 14 个区市为高的区域创新发展水平集聚（即区域创新发展水平 HH 空间关联模式），有 15 个区市为低的区域创新发展水平集聚（即区域创新发展水平 LL 空间关联模式），这说明区域创新发展水平存在空间集聚趋势。同时也可以看出，区域创新水平分数集聚区市大多也是科技金融政策发展水平得分高值集聚区市，因此可以初步判断京津冀地区科技金融政策发展可能有助于促进其当地及邻接区市区域创新发展水平提高。

某一区市区域创新水平的发展不仅需要本区市科技金融政策的推动，而且还有可能受到周边区市科技金融政策辐射的影响。区域创新水平的发展在空间上具有较强的相关性，科技金融政策在空间维度上的发展集聚促进了区域创新水平发展在空间上的依赖性，所以应将空间因素纳入京津冀科技金融政策发展对区域创新水平影响的研究中。

基于此，本章先用普通最小二乘法（OLS）对模型进行误差估计，并对其进行空间自相关检验，结果如表6-8所示，OLS回归残差Moran's I指数检验的值是1.067，达到1%的显著性水平，这可以证明OLS回归残差在空间维度上存在着很强的相关性，如果忽视空间因素，则普通最小二乘法（OLS）模型估计会出现误差。与此同时，可以利用拉格朗日乘子法（Lagrange multiplier）及其稳健拉格朗日乘数（Robust Lagrange multiplier）检验数值来衡量SLM模型和SEM模型的适用性。在表6-8中，LM（Lag）显著性水平为0.3%，而LM（Error）的显著性水平为0.4%；同时，Robust LM（Lag）达到1.5%的显著性水平，而Robust LM（Error）则达到7.8%的显著性水平。两相比较，Lagrange multiplier（Lag）和Robust Lagrange multiplier（Lag）相对于Lagrange multiplier（Error）和Robust Lagrange multiplier（Error）均更为显著，因此空间滞后模型（SLM）对相关变量进行空间维度分析更为合适。

表6-8　基于邻接关系空间权重矩阵的空间相关性OLS回归检验结果

检验	统计量	P值
Moran's I	1.067	0.009
Lagrange multiplier（Error）	8.114	0.004
Robust Lagrange multiplier（Error）	3.112	0.078
Lagrange multiplier（Lag）	8.024	0.003
Robust Lagrange multiplier（Lag）	3.071	0.015

注：表格内数据经Stata操作所得。

为了更加便于比较，本章将分别采用 OLS、SLM、SEM 和 SDM 四种模型来检验京津冀地区科技金融政策发展对区域创新水平发展的影响，相关结果如表 6-9 所示。空间误差系数和空间滞后系数都具有高度显著的统计数值，估计值均通过了 1% 或 5% 的显著性检验，进一步说明相关变量在空间维度上存在较强的相关性，说明空间因素在京津冀地区各区市科技金融政策发展和区域创新水平发展中发挥了作用。在前三种模型中，空间滞后模型 SLM 的对数似然函数 LogL 值（225.8）最大，而且其拟合优度也最高（0.579），这同样也说明考虑空间因素的 SLM 模型拟合效果更好，如果使用忽略空间效应的传统 OLS 方法进行模型拟合则会出现明显的假设误差。

表 6-9　基于邻接关系空间权重矩阵的 OLS、SLM、SEM 和 SDM 模型回归结果

NTTFG	0.0300646	0.0138294	0.0217806	0.0153852
Std. Err	0.0066597	0.0056436	0.0065711	0.0268521
系数 p 值	0.0000001	0.014	0.001	0.047
R-sq	0.553	0.5792	0.53	0.558
rho		0.3705244		0.3728349
W_NTTFG				0.0016675（0.116）
LogL		225.8	229.2183	226.7906

注：表格内数据经 Stata 操作所得。

基于表 6-8 和表 6-9 的估计结果，本节选用 SLM 模型的估计结果进行分析。对于 SLM 模型，就关键变量来说，科技金融发展水平 NTTFG 的回归系数为 0.0138294，通过 5% 的显著性检验。这表明，科技金融政策发展和区域创新发展水平之间在空间层面上表现出一定的一致性，即大部分区市科技金融政策发展水平的提高能够促进区域创新水平的发展。

为了进一步研究解释相关变量的空间相关性，必须考虑到解释变量可能存在的空间依赖性，对此本章采用了引入解释变量滞后性的 SDM 模型对科技金融政策发展水平和区域创新发展水平之间在空间上的相关性进行进一步研究。

在 SDM 模型检验结果中，区域创新发展水平 TG 的空间误差回归系数 λ 的估计值为 0.3705244，显著性水平为 0.6%，在统计上是高度显著的。这表明，区市之间的区域创新发展水平在空间维度上具有显著的正依赖性，也就是说，存在正的溢出效应，邻近区市区域创新水平每提高 1% 就可使本区市区域创新发展水平提高约 0.37%。另外，不但 W_NTTFG 的系数为正，而且 NTTFG 的回归系数也为正，说明各区市科技金融政策的发展通过空间地理空间机制对促进区域创新发挥了作用，周边区市科技金融政策的发展对本区市区域创新水平的发展存在溢出效应；不过 W_NTTFG 的系数没有达到 10% 的显著性水平，说明科技金融政策的溢出效应并不明显，这可能是由于各区市在地理空间位置上是相接的，加之京津冀一体化的发展，行政区域对资本、劳动力等生产要素自由流动的约束越来越弱，各个区市的市场关联和政府合作日益紧密，加强了不同区市间的互动依赖关系，所以邻近区市科技金融政策的发展对本区市区域创新水平的提高存在正的溢出效应，但是政策层面、资源流动层面等由于行政区划割据形成了一定的体制障碍，使不同区市的政策在执行力度与政策效力方面并不一致，区市之间的政策资源流动并不顺畅，造成了这种政策溢出效应不够明显。

第四节　结论和建议

通过对京津冀地区科技金融政策与区域创新的研究得出以下结论：第一，京津冀地区各区市科技金融政策发展水平差异悬殊；第二，京津冀各区市区域创新发展水平存在较大的梯度差；第三，各区市科技金融政策的发展通过空间地理机制对邻接区市区域创新水平的提高发挥了促进作用，邻近区市科技金融政策的发展对本区市区域创新水平的提高存在正的溢出效应，不过这种溢出效应并不够明显；第四，京津冀地区各区市科技金融政策发展和区域创新水平发展在空间维度上存在着显著的正相关性，大部分区市科技金融政策的发展对提高本区市区域创新水平具有显著的促进作用。

由此本章提出以下建议：第一，注重政策发展战略制定的针对性。要注重各区市科技金融政策发展战略制定的针对性，使之与各区市自身情况相符合，并以此提升区域之间、省域之间科技金融政策资源的协调度，避免扩大区市及省域科技金融发展水平和区域创新发展水平的差距。创新水平较高的区域应更加重视提升科技金融政策利用的效率性，最大化政策资源的应用效果，同时在周边区市发挥引领辐射作用。科技金融政策发展水平和区域创新发展水平都较低的河北省各区市应侧重于提高科技金融政策的渗透性，加快科技金融政策体系建设，使相关政策资源能够更好地落实到区域创新水平发展上。第二，加强科技金融政策的渗透性。必须通过提升所在地区的科技金融政策渗透性来提升创新落后地区的科技金融政策发展水平。从政策的制定到政策的颁布和执行再到有实际效果往往需一个时间过程，这会导致政策的实际效果常常存在一定的滞后性，因此在科技金融政策的制定上应该避免在较短的时间段里颁布大量同类政策，而且需要更加注意政策整体上的协调性和内容的连贯性，加强政策的执行力，对各个环节多开展相应的评价工作，及时反馈科技金融的发展状况，不断提升科技金融利用的政策效率。第三，注重政策的协调性。在科技金融发展和区域创新水平发展的分析与政策制定过程中，应加入对地区的空间相互效应的考量，重视各区市在经济地理空间上的相关性，各区市应该多加考虑所制定的科技金融政策对邻近区市的影响，而不是仅考虑其对自身的影响；逐步突破行政区划给各区市政策资源流动所带来的障碍，不断加强区市之间在政策制定、执行等各阶段的相互合作，以此来促进区市之间政策资源的流动顺畅性，从而使科技金融政策在区市之间的空间溢出效应得到充分发挥，促进区域创新水平的共同发展。

第七章　京津冀科技金融政策的空间溢出效应研究

传统的经济学理论认为，地区之间开展的各种活动是相互独立的，彼此之间并不能产生影响，因此可以运用计量经济学的方法单独对地区进行研究，而不必要研究地区之间的相互作用。但是众所周知，知识、资本等要素在空间上的分布是不均匀的，这些要素的分布不均匀使地区之间产生一些联系。这种相互联系在经济上表现得尤为突出，地区之间由于经济要素的流动，产生了空间经济效应，如空间邻近效应、空间溢出效应，而在本章主要围绕京津冀科技金融政策的空间溢出效应来展开研究。

第一节　研究方法

针对京津冀 43 个地区科技金融政策的发展现状和特征（见上一章分析），本章采用修正的康利—利根模型和空间马尔可夫链进一步分析科技金融政策发展过程中溢出效应的空间格局以及演变进程。

康利—利根模型是考虑了空间衰减的区域经济增长相互影响的统计模型，它将索罗残差解释为区域间的作用结果。Conley 和 Ligon 认为，一个国家或区域的产出可以分为本地区可见要素投入带来的产出和不可见要素带来的产出两个部分，而后者即不能被生产要素投入解释的那部分代表了其他区域对该地区的影响，也就是区域间相互作用过程中产生的空间溢出效应。在本章中，根据索罗模型的基本原理，索罗残差代表着不可见要素所带来的产出，由地区全社会从业人员、固定资本和地区总 GDP 等指标计算，而对于一个地区的科技金融政策的实际产出，由政策量化后的标准化得分（Z-score 法）决定，然后将一个地区的科技金融政策的实际产出与另一个地区的索罗残差做协相关分析的结果视为区域间的相互作用即空间溢出效应，从而分析区域两两之间的相互溢出效应。于是，在考虑距离影响下的度量空间溢出的修正的康利—利根模型为：

$$\text{cov}(P_i, Y_j) = b \sum_{i, j = 1}^{m} \exp(-\beta d_{ij})(P_i - \overline{P_i})(Y_j - \overline{Y_j}) \qquad (7-1)$$

在公式（7-1）中：P_i 和 $\overline{P_i}$ 分别为区域 i 的索罗残差和残差均值；Y_j 和 $\overline{Y_j}$ 分别为区域 j 的产出和产出均值；b 为标准化因子；m 为区域个数；β 为空间阻尼系数，根据王铮等（2003）的研究取值为 0.0016，d_{ij} 为各地市间的公路距离。而公路为区域间常用的交通方式，使用百度地图获取 43 个区域间公路里程并作为地区间的空间距离。

马尔可夫链是一种研究区域空间关联的方法。在马尔可夫链的每一步中，系统根据概率分布，可以从一个状态变到另一个状态，也可以保持当前状态。如果状态发生改变，那么这种状态的改变叫作转移，与之相对应的概率也被称为转移概率。该方法可以用于区域经济差异的趋同研究，而该方法忽略了区域间的空间关联。空间马尔可夫链方法正好弥补了传统的马尔可夫链分析的不足。

使用修正的康利—利根模型可以计算获得京津冀区域科技金融政策发展的相互空间溢出效应强度及空间分布情况，而使用空间马尔可夫链分析可以对京津冀科技金融政策的空间溢出效应进一步进行佐证和深入剖析。空间马尔可夫链是融合空间自相关和空间滞后的研究思维，以初始年份人均 GDP 或人均收入类型的空间滞后为条件，嵌入空间权重矩阵，形成 k 个 k×k 条件概率转移矩阵，通过比较分析马尔可夫矩阵元素和空间马尔可夫矩阵中的对应元素，得到一个区域向上或向下转移的概率与邻接地区间的关系，从而可以揭示地区间溢出效应的空间格局特征和演化规律。在本章中，以科技金融政策水平类型的空间滞后为条件，而空间权重矩阵则采用邻接矩阵进行研究，比起传统的马尔可夫链，空间马尔可夫链考虑了区域间的空间关联及其背景，这样可以有效揭示区域科技金融政策水平溢出效应的演化规律。

第二节　空间溢出效应的格局分析

根据《北京统计年鉴》《天津统计年鉴》《河北统计年鉴》等得到 2012～2016 年京津冀 43 个地区的总 GDP、全社会从业人员、固定资本的面板数据，使用索罗余值法计算京津冀 43 个地区各年份的索罗残差，然后根据前文得到的京津冀 43 个地区 2012～2016 年政策量化得分的数据，采用公式（7-1）计算 43 个地区两两之间的空间溢出值，之后分别对每个地区从其他地区获取的以及对其他地区释放的空间溢出效应值求和，从而得到该地区在 2012～2016 年获取的和释放的空间溢出效应总值，最后，本章采用 Jenks 最佳自然断裂法将京津冀地区科技金融政策的溢出效应类型分为高值正溢出、低值正溢出、低值负溢出、高值负溢出四种类型来分析京津冀地区科技金融政策水平空间格局的热点演化，探寻其影响因素；另外为了更直观地进行分析，将其进行可视化处理。

首先，从各地区对外发出的空间溢出效应看，京津冀科技金融政策与空间溢出效应具有极为密切的关系；从对外溢出类型的数量来看，发出正溢出的地区有 18 个，而发出负溢出的地区有 25 个，对外溢出类型负溢出的数量居多。其中，北京有 8 个区域对外发出正溢出，天津有 6 个区域发出正溢出，而河北仅有 4 个区域发出正溢出，可以看出对外溢出类型为负溢出的地区集中在天津和河北的大部分地区，说明天津与河北大部分地区的科技金融政策水平对京津冀其他地区的带动作用不够，京津冀地区科技金融政策发出的空间溢出以负溢出为主。其次，在对外发出的空间溢出效应类型的空间分布格局中，负溢出主要分布在京津冀的北部、南部和北京市内的外围地区，其中高值负溢出地区分布在河北省的张家口市、邢台市、衡水市，这些城市的科技金融政策水平较低，无法对其他地区起到带动作用；而正溢出主要分布在北京市、天津市的中心地区以及河北的石家庄市、保定市、唐山市、廊坊市，其中高值正溢出地区分布在北京市的朝阳区、海淀区、昌平区、东城区、西城区，天津市的滨海新区、西青区、和平区、南开区以及河北省的石家庄市，这些城市的科技金融政策水平发展较好，并且与京津冀其他地区的科技金融政策有着密切的联系，对京津冀其他地区的科技金融发展起到了较好的促进作用。此外，从这里也可以看出京津冀科技金融政策发展的不均衡特征。最后，我们还可以看出京津冀核心地区的外围城市对外溢出类型大都是负溢出，说明与核心地区的距离对一个地区科技金融的发展有着重要影响。

京津冀各地区获取的空间溢出效应也有着相似的特点：一是在获取的空间溢出效应类型区域的数量上，获取正溢出效应的区域有 20 个，而获取负溢出效应的区域有 23 个，获取的空间溢出类型以负溢出效应为主。二是在获取溢出效应的总体空间格局上，负溢出集中在京津冀区域的外围地区，尤其以河北省的负溢出区域居多，而正溢出主要集中在北京和天津的核心地带。在高值正溢出与高值负溢出的区域分布上，与发出溢出效应基本一致。三是京津冀核心地区的外围城市获取溢出类型大都是负溢出。

本章不具体展示 43 个地区间的空间溢出效应值，而是以京津冀主要城市区域间的溢出效应为例分析地区间的相互作用（见表 7-1）。

表 7-1　2012~2016 年京津冀区域科技金融政策间的溢出效应

	北京	天津	保定	唐山	石家庄	廊坊	秦皇岛	张家口	承德	沧州	衡水	邢台	邯郸	总获取
北京		557.9	24.2	253.2	241.2	108.2	36.1	-64.5	21.3	-96.1	-51.7	-71.2	-51.3	907.3
天津	620.5		32.1	181.3	202.2	40.2	121.3	-51.6	41.3	-90.2	-67.8	-54.1	-54.4	920.8
保定	75.5	46.5		90	58.6	-13.1	-9.8	-21.3	-41.6	28.1		21.2	55	289.1
唐山	170	106	79.8		52.3	51.3	48.2	-53.1	-37.1	32.8	24.5	43.2	-24.5	493.4
石家庄	279	256.7	45.3	42.3		53.4	-14.1	11.4	11.4	22.4	19.4	-68	-32.6	626.6
廊坊	309.2	235.2	-21.2	34.5	25.2		-78.2	-56.1	-33	24.9	24.4	-71.8	54.7	447.8
秦皇岛	105.8	81.6	-13	53.6	52.2	-46.4		11.2	36.1	40.1	-71.4	-79.2	-41.3	129.3
张家口	34.8	58	-72	-34.6	55.7	-69.4	-4.2		43.5	-23	-89.1	-80.1	-41.1	-221.5
承德	74	91.6	-6.4	-59.7	59.2	-43.9	40.1	47		-89	-62.6	-53	-21.2	-23.9
沧州	-40.2	45.1	-31.3	76.5	21.1	124.6	-87.4	-35.1	-36.9		21.8	-29.2	-31.4	-2.4
衡水	-72.2	-93.2	-22.3	-53.4	63.1	41.2	-63.2	-67.1	-51.4	41.7		-21.9	94.8	-203.9
邢台	-69.2	-87.9	87.2	-37.1	-26.7	-41.5	-21.3	-44.5	-65.1	41.6	66.6		90.8	-107.1
邯郸	71.8	58.4	26.1	-51.6	20.6	-88.2	-81.4	-11.3	-30.2	50.2	24.7	81.8		70.9
总释放	1559	1355.9	128.5	495	824.7	116.4	-113.9	-335	-141.7	-16.5	-161.2	-382.3	-2.5	

注：行表示地区获取的溢出效应，列表示地区发出的溢出效应。

表 7-1 显示，大部分京津冀地区科技金融发展较好的地区既对其他地区释放了正值空间溢出效应，也获得了其他地区对它们释放的正值溢出效应，对于负溢出效应也一样，具有一致性的特征，但是存在着梯次性差异。因为从各区域获得和发出的空间溢出效应值看，北京、天津、石家庄的获得与发出的空间溢出效应值在 500~1000，处于第一梯次；唐山、保定、廊坊三市的溢出效应值为 0~500，处于第二梯次；邯郸、秦皇岛获得了正值溢出效应，但对外释放了负值溢出效应，所以处于第三梯次；而邢台、沧州、承德、衡水、张家口五个城市获得和发出的空间溢出效应值均为负值，处于第四梯次。

此外，北京获取和发出的空间溢出效应值分别为 907.3、1559，天津获取和发出的空间溢出效应值分别为 920.8、1355.9，而石家庄获取和发出的空间溢出效应值分别为 626.6、824.7，可以看出，虽然北京、天津和石家庄属于同一梯次，但是前两者的获取和发出的溢出效应值几乎是后者的 1.45 倍、1.7 倍，区域间科技金融政策发展差距大，这也反映了区域间科技金融政策非均衡发展的普遍规律。

第三节　科技金融政策水平时空格局的演变

在获取各研究单元 2012~2016 年科技金融政策有关数据后，选取标准化后的科技金融政策量化得分表示区域科技金融政策发展水平。另外，为了更好地体现地区科技金融政策的发展差距，本章参照相关研究，将京津冀地区的科技金融政策水平划分为以下四种类型：①低水平，科技金融政策水平低于京津冀地区平均的 50%；②中低水平，科技金融政策水平介于京津冀地区的 50%~75%；③中高水平，科技金融政策水平介于京津冀地区的 75%~100%；④高水平，科技金融政策水平高于京津冀地区的 100%。

使用传统马尔可夫链分析法计算 2012~2016 年京津冀区域科技金融政策发展水平类型的马尔可夫转移概率矩阵（见表 7-2）。

表 7-2　京津冀区域科技金融政策发展水平类型的
马尔可夫转移矩阵（2012~2016 年）

	n	1（<50%）	2（<75%）	3（<100%）	4（>100%）
1	65	0.925	0.083	0.000	0.000

	n	1（<50%）	2（<75%）	3（<100%）	4（>100%）
2	27	0.032	0.821	0.147	0.000
3	43	0.000	0.061	0.852	0.074
4	80	0.000	0.000	0.059	0.951

从表 7-2 中我们可以看出：一是在马尔可夫转移矩阵中，较大值存在于主对角线上，这说明科技金融政策水平类型总体上比较稳定。二是位于非对角线上的数值最大为 0.147，这说明京津冀区域科技金融政策水平类型发生转移的最大概率为 14.7%，而且科技金融政策水平类型很难发生转移，并且发生转移的大多数发生在相邻类型之间。三是具体来看，科技金融政策水平类型向上发生转移的最大概率为 14.7%，且发生在中低水平向中高水平转移；向下发生转移的概率最大为 6.1%，且发生在中高水平向中低水平转移。

虽然可以用传统的马尔可夫链揭示京津冀 43 个区域科技金融政策水平类型在 2012~2016 年的演化过程，但是忽略了空间位置以及背景对于科技金融政策水平类型的影响。于是将运用空间马尔可夫链进一步阐释空间溢出效应对京津冀地区科技金融政策水平类型转移的影响。表 7-3 即 2012~2016 年京津冀区域科技金融政策发展水平类型转变空间马尔可夫分析的结果。

表 7-3　京津冀区域科技金融政策发展水平类型的

空间马尔可夫转移矩阵（2012~2016 年）

空间滞后		n	1（<50%）	2（<75%）	3（<100%）	4（>100%）
1	1	6	0.833	0.167	0.000	0.000
	2	0	0.000	0.000	0.000	0.000
	3	0	0.000	0.000	0.000	0.000
	4	0	0.000	0.000	0.000	0.000

续表

空间滞后		n	1（<50%）	2（<75%）	3（<100%）	4（>100%）
2	1	17	0.588	0.412	0.000	0.000
	2	6	0.000	1.000	0.000	0.000
	3	3	0.000	0.000	0.000	1.000
	4	12	0.000	0.000	0.250	0.750
3	1	9	0.667	0.333	0.000	0.000
	2	6	0.000	1.000	0.000	0.000
	3	2	0.000	0.000	0.000	1.000
	4	6	0.000	0.000	0.167	0.833
4	1	0	0.000	0.000	0.000	0.000
	2	0	0.000	0.000	0.000	0.000
	3	7	0.000	0.000	0.000	1.000
	4	92	0.000	0.000	0.085	0.915

从表7-3中可以看出：一般来说，如果空间位置等地理因素对科技金融政策水平类型演进过程没有影响的话，空间马尔可夫转移矩阵在相同时段相同条件下的转移概率应与传统马尔科夫转移矩阵相同，然而我们对比表7-3和表7-2发现它们并不相同，这说明空间位置及背景等因素对于科技金融政策水平类型的影响较大，京津冀区域之存在着显著的空间溢出效应，并且邻域之间也存在着明显的溢出效应，一个地区科技金融政策的发展以及科技金融政策水平类型的变化受邻域科技金融政策发展状况的影响。此外，分析表7-3和表7-2，在科技金融政策水平类型上，表7-2中低水平类型向上发生转移的最大概率为8.3%，中低水平向上发生转移的最大概率为14.7%，中高水平发生向上转移的最大概率为7.4%，但是如果它们与更高科技金融政策水平类型的区域相邻，这一结果分别增至16.7%、25%、83.3%（见表7-3）；同样，发生向下转移的三种类型如果与更低水平的区域相邻，向下转移的概率会大大增加，这说明邻域的科技金融政策发展对一个地区科技金融政策的发展有着重要影

响。换句话说，如果一个地区的科技金融政策水平发展较高，那么会对其邻域发出正溢出效应；如果一个地区的科技金融政策水平发展较低，那么会对其邻域发出负溢出效应。

总而言之，京津冀区域邻域的科技金融政策发展对一个地区科技金融政策的发展有着重要影响，这也体现了前文中京津冀区域科技金融政策发展的梯次性发展差异，不利于京津冀科技金融均衡协同发展。

第四节　空间溢出效应与科技金融政策发展水平的空间转移

通过前文的研究，本章发现京津冀区域科技金融政策水平存在着显著的区域差异，于是利用 ArcGIS 对 2012～2016 年内京津冀区域科技金融政策水平类型的空间演进进行可视化进而进行更直观具体的研究。

分析得出：①在 2012～2016 年，京津冀区域科技金融政策水平类型总体上较为稳定，位于京津冀区域外围的大部分地区在研究时段以负溢出效应为主，科技金融政策水平发展较低并且科技金融政策发展缓慢，难以发生向上转移；此外，研究时段发生向上转移的区域集中分布在京津冀区域的中部地区，这也可以看出在研究时段京津冀区域向上转移和平稳转移的区域空间分布比较集中。②在 2012～2016 年，大部分地区的科技金融水平类型没有发生转移，其中，北京市的朝阳区、海淀区、石景山区、丰台区、顺义区、大兴区、通州区、房山区、门头沟区、昌平区、怀柔区、延庆区总共 12 个地区发生向上转移，并且没有区域发生向下转移，这说明北京大部分地区科技金融政策发展水平高于天津和河北地区，不利于京津冀地区科技金融协同发展。③比较 2012～

2016 年科技金融政策水平类型的转变，平稳转移的区域数量显著多于向上转移的数量，而且平稳转移的区域以负向溢出为主，这也验证了前文中京津冀地区科技金融政策溢出效应类型以负溢出为主的结论，同时，这一结果也不利于京津冀科技金融的均衡协同发展。

本章发现京津冀区域科技金融政策水平类型的演进过程受邻域科技金融政策水平高低的影响，并且空间分布格局没有考虑到邻域的影响，为了更直观地阐释京津冀地区间科技金融政策的空间溢出效应以及邻域的影响，利用 Arc-GIS 并对基于空间马尔可夫链分析法得到的区域以及邻域科技金融政策水平类型转移双重信息的空间分布图进行研究。

可以看出，2012~2016 年，京津冀区域以及邻域科技金融政策水平同时向上转移的区域主要集中分布于北京市；除北京市的大兴区，河北省的承德市、张家口市外，其他发生类型转移的区域其邻域大概率也会发生转移，其中科技金融政策水平类型向上转移的北京市的延庆区、昌平区、顺义区、朝阳区、丰台区等区域其周围的怀柔区、海淀区、房山区、通州区、门头沟区也向上发生转移，这可以看出京津冀区域科技金融政策水平类型的转移受邻域的影响较大，京津冀区域间的空间溢出效应显著，这也同时验证了上文的结论。

第五节　结论与建议

在京津冀协同发展的历史机遇下，运用修正的康利—利根模型与空间马尔可夫链分析法等空间计量经济学的方法，研究了京津冀 43 个地区间科技金融政策的空间溢出效应及其科技金融政策水平类型演进的空间格局，得出以下结论：首先，从京津冀区域获取和发出的空间溢出效应值来看，京津冀 43 个区域间的科技金融政策发展存在显著的空间溢出效应，但以负向溢出为主，说明京津冀地区科技金融政策发展差距大，并且科技金融政策水平较高的地区对京津冀其他地区发挥的带动作用较小。其次，京津冀科技金融政策发展水平存在着梯次性差异，其中负溢出集中在京津冀区域的外围地区，尤其以河北省的负溢出区域居多，而正溢出主要集中在北京和天津的核心地带，并且京津冀核心地区的外围城市获取溢出类型大都是负溢出。再次，受京津冀区域以负溢出效应为主的影响，科技金融政策水平类型很难发生转移，并且在发生转移的空间格局上，北京市的大部分地区容易发生向上转移，而京津冀其他外围地区则发生平稳转移，总体发展不均衡。最后，邻域的科技金融政策发展对一个地区科技金融政策的发展有着重要影响，如果一个地区的科技金融政策水平发展较高，那么会对其邻域发出正溢出效应；如果一个地区的科技金融政策水平发展较低，那么会对其邻域发出负溢出效应。

基于以上结论，本章提出几点促进京津冀地区科技金融政策有效发展的对策与建议。首先，增强政策主体的协同意识。在科技金融政策总体水平上，虽然北京、天津和石家庄同处于第一梯次，但是北京与天津的溢出效应强度明显要高于河北石家庄，这也从侧面反映了京津冀区域科技金融非均衡发展的现状，这要求京津冀地方政府应继续大力落实发展京津冀协同发展战略，增强协同发展意识，打破行政障碍，促进科技金融要素在区域内的整合和充分流动；加强地区之间科技金融的沟通联系与合作的强度，推动三地科技金融政策的对接，力求在科技金融政策的制定上重视协同发展，改善各自为政的局面。其次，推进京津冀科技金融数据信息平台建设。虽然京津冀地区的科技金融合作已经有所开展，但是科技金融发展较好的京津冀地区的核心城市对于其他地区发挥的带动作用有限，这就要求地方政府应大力推进京津冀科技金融数据信息平台的建设，统一协调三地的科技金融监测指标和科技金融统计数据，实现三地科技金融资源的信息对称和整合共享；统一协调三地科技金融政策的对接，在一些重点问题的导向上力求一致；搭建三地科技金融政策的共享平台，学习借鉴科技金融发展相对成熟地区的成功经验，探索信用联动、信息共享的京津冀科技金融数据信息服务体系。最后，健全京津冀科技金融合作机制。应从总体上对京津冀地区科技金融的发展进行规划，健全京津冀地区的科技金融合作机制，充分利用合作机制发挥京津冀科技金融发展较好地区的带动作用，激发地区间释放更多的正溢出效应。充分利用合作机制实现三地科技金融信息和有关问题的互通，加强科技金融政策的沟通协调，引导京津冀地区开展多种形式的科技金融合作，以带动和促进京津冀地区科技金融协同发展。

第八章 基于 PMC 指数的京津冀科技金融政策比较与协同

PMC 指数模型（Policy Modeling Consistency，PMC-Index）源自 2008 年马来西亚研究员 Mario Arturo Ruiz Estrada（简译为"鲁伊斯"）提出的"Omnia Mobilis"假说，即世界上一切事物都是相互联系的，彼此之间存在相互影响的关系，事物的发展变化受到的每一个变量的影响是等同的。刘纪达等（2020）以"国家—省—地级市"三级军民科技政策和扎根理论为基础，构建了基于 PMC 指数模型的军民科技政策评价指标体系，并基于 PMC 指数，建立了雷达图、曲线图和 CONTOUR 图，对当前军民科技政策进行系统评价和分析。张永安和马昱（2017）利用 PMC 指数模型建立金融政策组合评价标准，采用文本挖掘方法对区域科技创新政策、金融政策、房地产政策、"双创"政策和网约车政策进行定量评价，验证了模型的有效性和适用性，为面向中国国情的单一政策评价研究奠定了理论基础；董纪昌等（2020）利用 PMC 指数模型并建立评价标准对单个房地产政策进行定量评价，创新性地在一级指标中加入政策有效性水平作为递进性和排他性指标，并构建 PMC 曲面、多投入产出表，对我国单项房地产政策进行量化分析，从政策本身制定角度来衡量单项政策的优劣。

本章将对 2006 年以来现行有效的 784 份北京市科技金融政策进行开放性编码，构建由 15 个一级指标组成的 PMC 指数模型指标体系和投入产出表，并在 PMC 指数计算结果的基础上运用 MS Office Excel 软件设计三维曲面图进行直观展示。选取京津冀、京沪粤等地的典型科技金融政策进行 PMC 指数分析与比较，以期对进一步优化北京市科技金融政策提供切实可行的对策与建议。

第一节　数据来源与政策筛选分类

一、数据来源

本章所选政策文本均为笔者自北大法宝收集，具体来源为北京市各级人民政府、各级独立部门、各级事业单位以及委员会等机关机构于 2006 年 2 月至 2022 年 2 月所发布科技金融相关公共政策。其中，2006 年北京市共发布 3 份科技金融政策；2007 年北京市共发布 1 份科技金融政策；2008 年北京市共发布 19 份科技金融政策；2009 年北京市共发布 48 份科技金融政策；2010 年北京市共发布 44 份科技金融政策；2011 年北京市共发布 67 份科技金融政策；2012 年北京市共发布 77 份科技金融政策；2013 年北京市共发布 41 份科技金融政策；2014 年北京市共发布 45 份科技金融政策；2015 年北京市共发布 82 份科技金融政策；2016 年北京市共发布 122 份科技金融政策；2017 年北京市共发布 55 份科技金融政策；2018 年北京市共发布 50 份科技金融政策；2019 年北京市共发布 28 份科技金融政；2020 年北京市共发布 56 份科技金融政策；2021 年北京市共发布 46 份科技金融政策；2022 年统计截止时北京市尚未发布科技金融政策（见图 8-1）。

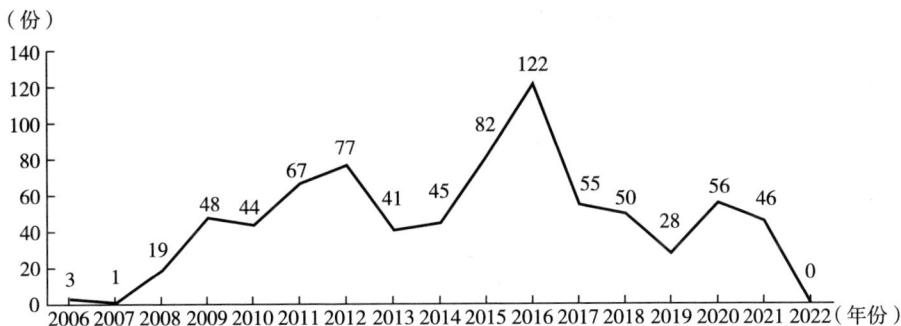

图 8-1　2006～2022 年北京市科技金融政策发文数

二、政策筛选与分类

科技金融政策的制定与出台，对于指导北京市科技金融发展具有重要作用。根据中国法律检索系统"北大法宝"，设定主题关键词"技术创新""科技贷款""科技保险""融资租赁""风险投资""孵化机构""政府采购""科技成果转化""科技担保""科技资本市场""科技金融中介""科技产业""科技企业""信用体系""信息共享""人才激励"16 个主题字词为全文法规的检索词（见图 8-2）。

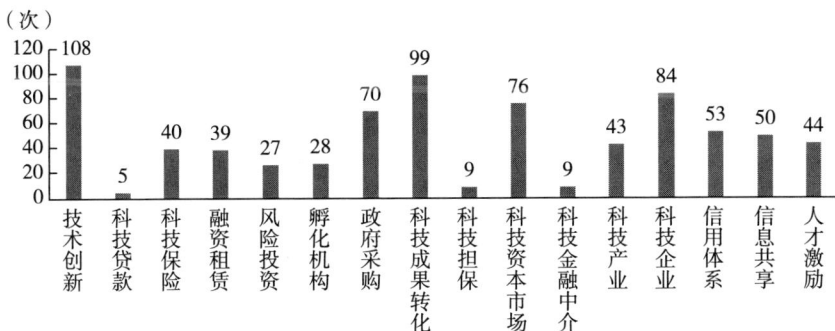

图 8-2　北京市科技金融政策主题

在北京市各类现行有效的 784 份科技金融政策中,北京市人大(含常委会)共发布 6 份,北京市人民政府共发布 261 份,北京市其他机构共发布 517 份科技金融政策,如图 8-3 所示。

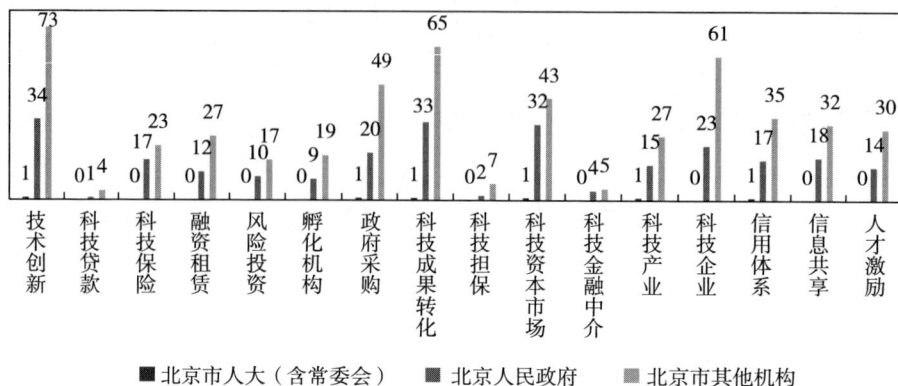

图 8-3　北京市各独立部门发文类别及数量(单位:份)

三、政策开放性编码

对于本次收集到的 784 份北京市科技金融政策先进行初步处理,主要对其进行关键内容提取,以便于下一步进行开放性编码的操作。

在进行概念化的过程中,需要对原始政策文本内容进行解读和分析,抽象出能够反映政策文本主要内容的概念。在进行范畴化的过程中,经过反复多次比较之后,将相近或相似的概念进一步提炼为范畴,得到开放性编码的结果(见表 8-1)。

表 8-1　北京市科技金融政策

编号	政策文本(部分)	概念化	范畴化
政策 1	健全跨层级联合工作机制,统筹政府的资金投入和土地、人才、技术等创新资源配置,推进政策先行先试、重大科技成果产业化、科技金融改革、创新型人才服务、新技术应用推广和新产品政府采购等工作	金融科技协同创新	重点任务

续表

编号	政策文本（部分）	概念化	范畴化
政策 2	完善金融支持创新体系，促进新技术产业化、规模化应用，加快推进科技金融供给侧结构性改革，促进金融与科技、产业、经济深度融合，建立适合中关村国家自主创新示范区（以下简称中关村示范区）企业全生命周期发展的综合金融服务体系，助推产业升级和经济高质量发展，加快创建中关村科创金融试验区	中关村示范区建设	政策导向
政策 3	进一步发挥中关村科技金融专营组织机构的引领示范作用	加强组织领导	保障手段
政策 4	促进本市股权投资市场发展，推动本市科技金融创新，根据有关法律、法规及文件规定，制定本暂行办法	资本资源	资源类别
政策 5	鼓励和引导国内外知名天使投资机构和创业投资机构、龙头产业集团、在京科研机构设立针对科技成果转化和产业化前孵化阶段的天使投资基金和创业投资基金，投资国内外具有领先优势和产业化发展潜力的项目	金融机构	政策对象
政策 6	鼓励外商投资技术转移、科技金融等生产性服务业，推动向价值链高端延伸	外资	政策对象
政策 7	提升金融业核心竞争力，服务保障国家金融管理中心功能，大力发展数字金融、科技金融、绿色金融和普惠金融	金融业建设	政策导向
政策 8	加快引进创业投资、股权投资、风险投资等一批知名科技金融机构和产业投资机构，积极推动会计、法律、资产评估、信用评估等一批专业金融中介服务机构集聚发展	金融机构	政策对象
政策 9	围绕科技金融、智慧能源、数字建筑、智能交通、智慧工厂以及老旧小区改造等领域的技术需求，共同组织凝练一批具有较大量级和较强示范带动作用的应用场景	促进科技金融成果转化	重点任务
政策 10	巩固提升工程技术服务和科技金融优势行业	支持	政策性质
政策 11	支持开展科技金融产品和服务创新，探索建设区域性政策性金融机构	金融科技协同创新	重点任务
政策 12	科技金融服务支持银行、保险、担保等机构服务科技创新企业融资，支持多层次资本市场建设，支持符合条件的科技创新企业利用"科创板"和"新三板"做大做强	政策引用	顶层设计
政策 13	支持食品安全、社会治理现代化、自然灾害防治、智慧城市建设、智慧校园建设、科技金融等领域开展科技攻关与科技成果转化应用	高质量发展	政策导向
政策 14	科技金融专营组织机构的知识产权质押融资业务规模增速达到一定比例的，市科委、中关村管委会将给予业务激励支持	激励型	政策工具
政策 15	推动非银机构开展科技金融创新；支持银行机构在中关村国家自主创新示范区设立分行级机构。鼓励银行机构设立科技金融专营支行、专营团队等专营组织	北京市其他机构	政策颁布机构

续表

编号	政策文本（部分）	概念化	范畴化
…			
…			
…			
政策784	…		

第二节　科技金融政策 PMC 指数模型构建

一、PMC 指数模型在我国的应用

PMC 指数模型传入我国之后，一些学者立足"以我为主，为我所用"的原则，对 PMC-Index 这一舶来品进行中国化改造，对其进行模型以及评价体系上的调整和修改，以适应我国公共政策的特点和属性，使之在我国国内应用性和实用性增强，应用范围日渐扩大，方法体系逐日成熟。

二、建立 PMC 指标体系

在参考以往学者经典的 PMC 指数模型指标变量的基础上，根据北京市科技金融政策开放性编码的结果和核心内容，结合国内学者对科技金融政策评价指标变量的设定标准，确定了基于 PMC 指数模型的北京市科技金融政策评价指标。

（一）设置 PMC 指数模型一级指标变量

在查阅、学习并借鉴刘纪达（2020）和董纪昌（2020）等研究的基础上，结合所收集科技金融政策文本的开放性编码结果，笔者为本次 PMC 指数模型设计选定了 15 个一级变量指标。

这 15 个一级指标变量分别为政策效力、政策颁布机构、政策时效性、政策公开性、顶层设计、政策导向、政策性质、政策工具、重点任务、资源类别、涉及领域、保障手段、激励措施、政策对象、框架及路径。上述一级指标变量可分类概括为政策属性、政策理念、政策内容、政策执行四个方面。

政策属性类包含政策效力、政策颁布机构、政策时效性、政策公开性。政策效力即从发文主体级别角度进行讨论,北京市政策发文主体囊括了自北京市人民政府到区县各级独立部门多个层级,以此进行划分可将政策分为地方性的法规、地方规范性的文件、地方工作文件以及行政许可批复;同时也能够直接引出政策颁布机构的划分依据,并划分为北京市人大(含常委会)、北京市人民政府以及北京市的其他机构;政策的时效性和政策的公开性是评价公共政策是否能够持续有效以及能否具有公信力的重要标准,鉴于本次选取政策均可查到详细文本且现行有效,故排除该两项指标影响,此处仅作其重要性的介绍。

政策理念类包含顶层设计、政策导向、政策性质。顶层设计即考察政策是否能够有效贯彻地区整体规划精神以及能否与该地区高等级政策达成匹配条件,有利于评价公共政策的有效性和公信力;政策导向指标用以评价政策能否有效与政策目标产生正向关联,根据选取政策样本可将导向指标分为中关村示范区的建设、科技服务建设、金融业建设、区域高质量发展、疫情防控等;政策性质是关于政策对实体作用方式的刻画,将 784 份样本政策通读之后,可按该标准分为调节、保障、引导、监管、规范、支持六种性质的政策。

政策内容类包含政策工具、重点任务、资源类别、涉及领域。政策工具指标用以刻画政策文件中所使用的方式方法属性,分为强制型政策(以行政命令强制手段等为主)、服务型政策(有效发挥政府服务市场能力)、市场型政策(合理发挥市场看不见的手的作用)、激励型政策(对政策目标导向的主体进行奖励激励措施);重点任务刻画了样本政策中所强调和偏向的主要工作及方向，主要以具体的专业领域为多，根据选取样本政策的共性，抽象分类为金融科技协同创新、科技资源统筹共享、科技金融人才培养及智库建设、完善信息发布和共享制度、促进科技金融成果转化等；资源类别可表明政策文件中为实现政策目标所运用的资源类型，可分为技术资源、信息与情报资源、科技金融人才资源、资本资源四类。涉及领域这一指标可表明政策文本中所包含的政策导向、政策目标以及政策来源去向，亦可分为科教文卫、生态环境、实体产业、金融业、政府机关事务、知识产权以及营商环境等。

政策执行类包含保障手段、激励措施、政策对象、框架及路径。保障手段是关乎公共政策能否顺利实施以及有效发挥作用的重要指标，根据过往研究以及科技金融政策的独特属性，可将政策保障手段分为加强组织领导、强化规划协调、实施监督管理、完善服务体系四个方面；激励措施指标是政策文本评价中占有重要位置的一项基本性指标，是关乎政策实施效率效果的重要标准，所选取样本政策的激励措施大致可分为金融扶持、财政补贴、税收优惠、人才奖励、风险补偿、土地租让、资质奖励、贷款贴息；政策对象即政策文件中所要作用的主体，并通过政策手段促使或监督政策主体有效地实施政策，可分为政府及事业单位、金融机构、中关村示范区、外资、小微企业、科创企业六类；框架及路径是整体评价政策文本的有效标尺，可通过目标的合理性、步骤的规范性、依据的规范性以及政策的现实符合性进行整体看待与评价。

（二）设置 PMC 指数模型二级指标变量

PMC 二级指标变量是在一级指标变量的基础上，根据政策文本本身特性以及所研究政策领域的独特性质确定。二级变量指标是对所选取的政策样本的抽象化概念化之后的进一步演进，同时可依据一级变量指标，分别从不同角度来确定评价政策所需要的二级指标变量数量、功能、属性等。表 8-2 为 PMC 的两级指标变量。

表 8-2　PMC 指数设置表

序号	评价内容	一级指标变量	二级指标变量
1	政策属性	X_1 政策效力	X_{1-1} 地方性法规、X_{1-2} 地方规范性文件、X_{1-3} 地方工作文件、X_{1-4} 行政许可批复
2		X_2 政策颁布机构	X_{2-1} 北京市人大（含常委会）、X_{2-2} 北京市人民政府、X_{2-3} 北京市其他机构
3		X_3 政策时效性	–
4		X_4 政策公开性	–
5	政策理念	X_5 顶层设计	X_{5-1} 指导思想、X_{5-2} 政策引用
6		X_6 政策导向	X_{6-1} 中关村示范区建设、X_{6-2} 科技服务建设、X_{6-3} 金融业建设、X_{6-4} 高质量发展、X_{6-5} 疫情防控
7		X_7 政策性质	X_{7-1} 调节、X_{7-2} 保障、X_{7-3} 引导、X_{7-4} 监管、X_{7-5} 规范、X_{7-6} 支持
8	政策内容	X_8 政策工具	X_{8-1} 强制型、X_{8-2} 服务型、X_{8-3} 市场型、X_{8-4} 激励型
9		X_9 重点任务	X_{9-1} 金融科技协同创新、X_{9-2} 科技资源统筹共享、X_{9-3} 科技金融人才培养及智库建设、X_{9-4} 财政与信贷投入、X_{9-5} 示范园区建设、X_{9-6} 完善信息发布和共享制度、X_{9-7} 促进科技金融成果转化
10		X_{10} 资源类别	X_{10-1} 技术资源、X_{10-2} 信息与情报资源、X_{10-3} 科技金融人才资源、X_{10-4} 资本资源
11		X_{11} 涉及领域	X_{11-1} 科教文卫、X_{11-2} 生态环境、X_{11-3} 实体产业、X_{11-4} 金融业、X_{11-5} 知识产权、X_{11-6} 政府机关事务、X_{11-7} 营商环境
12	政策执行	X_{12} 保障手段	X_{12-1} 加强组织领导、X_{12-2} 强化规划协调、X_{12-3} 实施监督管理、X_{12-4} 完善服务体系
13		X_{13} 激励措施	X_{13-1} 金融扶持、X_{13-2} 财政补贴、X_{13-3} 税收优惠、X_{13-4} 人才奖励、X_{13-5} 风险补偿、X_{13-6} 土地租让、X_{13-7} 资质奖励、X_{13-8} 贷款贴息
14		X_{14} 政策对象	X_{14-1} 政府及事业单位、X_{14-2} 金融机构、X_{14-3} 中关村示范区、X_{14-4} 外资、X_{14-5} 小微企业、X_{14-6} 科创企业
15		X_{15} 框架及路径	X_{15-1} 目标清晰、X_{15-2} 步骤合理、X_{15-3} 依据充分、X_{15-4} 符合实际

三、构建多投入产出表

多投入产出表提供了一套完整的可用数据分析模型框架，可以存储大量的数据指标来计算任何单个变量。多投入产出表的建立是计算 15 个主要变量的基础。每个主变量包括 N 个辅助变量，辅助变量的数量没有限制。同时，它们对二级变量的重要性是一样的，所以对它们的重要性进行排名意义不大。为了给予次要变量同等的权重，有必要以二进制形式对待所有变量。表 8-3 是相关的多投入产出表。

表 8-3　多投入产出表

X_1	X_2	X_3
X_{1-1}、X_{1-2}、X_{1-3}、X_{1-4}	X_{2-1}、X_{2-2}、X_{2-3}	X_{3-1}
X_4	X_5	X_6
X_{4-1}	X_{5-1}、X_{5-2}	X_{6-1}、X_{6-2}、X_{6-3}、X_{6-4}、X_{6-5}
X_7	X_8	X_9
X_{7-1}、X_{7-2}、X_{7-3}、X_{7-4}、X_{7-5}、X_{7-6}	X_{8-1}、X_{8-2}、X_{8-3}、X_{8-4}	X_{9-1}、X_{9-2}、X_{9-3}、X_{9-4}、X_{9-5}、X_{9-6}、X_{9-7}
X_{10}	X_{11}	X_{12}
X_{10-1}、X_{10-2}、X_{10-3}、X_{10-4}	X_{11-1}、X_{11-2}、X_{11-3}、X_{11-4}、X_{11-5}、X_{11-6}、X_{11-7}	X_{12-1}、X_{12-2}、X_{12-3}、X_{12-4}
X_{13}	X_{14}	X_{15}
X_{13-1}、X_{13-2}、X_{13-3}、X_{13-4}、X_{13-5}、X_{13-6}、X_{13-7}、X_{13-8}	X_{14-1}、X_{14-2}、X_{14-3}、X_{14-4}、X_{14-5}、X_{14-6}	X_{15-1}、X_{15-2}、X_{15-3}、X_{15-4}

四、PMC 指数计算方法

根据以往的研究经验和 PMC 指数模型的基本概念，在研究过程中会全面、均衡地考虑指标变量的影响能力，以保证在同一维度同一水平上变量的效果相同。PMC 指数计算步骤分为三步：对二级指标变量进行赋值，计算一级指标变量的得分情况，最终计算得到 PMC 指数。

（一）赋值二级指标变量

采用同样的权重为二级指标赋值，如果待评价政策中内容文本与相关二级指标变量的描述相对应，就将其赋值为1，若不相符合，则将其赋值为0。

（二）计算一级指标变量得分

赋值二级指标变量并得到结果后，将各级一级指标变量所包含的二级指标变量值进行分别的平均求和，进而得到各级一级指标变量的得分，如公式（8-1）：

$$X_j = \sum_{i=n}^{n} \frac{X_{j-i}}{n} \tag{8-1}$$

在公式（8-1）中，j 代表不同的一级指标变量，n 则代表不同一级指标变量下的所对应的二级指标变量的个数。

（三）计算 PMC 指数

PMC 指数得分等于所设置的各级一级指标变量得分的加权平均，且取值介于［0，10］。如公式（8-2）：

$$PMC = \begin{pmatrix} \left[\sum_{i=1}^{4} \frac{X_{1-i}}{4} \right] + \left[\sum_{i=1}^{3} \frac{X_{2-i}}{3} \right] + \left[\sum_{i=1}^{2} \frac{X_{5-i}}{2} \right] + \left[\sum_{i=1}^{5} \frac{X_{6-i}}{5} \right] + \\ \left[\sum_{i=1}^{6} \frac{X_{7-i}}{6} \right] + \left[\sum_{i=1}^{4} \frac{X_{8-i}}{4} \right] + \left[\sum_{i=1}^{7} \frac{X_{9-i}}{7} \right] + \left[\sum_{i=1}^{4} \frac{X_{10-i}}{4} \right] + \left[\sum_{i=1}^{7} \frac{X_{11-i}}{7} \right] + \\ \left[\sum_{i=1}^{4} \frac{X_{12-i}}{4} \right] + \left[\sum_{i=1}^{8} \frac{X_{13-i}}{8} \right] + \left[\sum_{i=1}^{6} \frac{X_{14-i}}{6} \right] + \left[\sum_{i=1}^{4} \frac{X_{15-i}}{4} \right] \end{pmatrix} \tag{8-2}$$

依据公式（8-2）所给出的 PMC 指数得分的取值范围，并划分了不同的政策评价等级，展示不同 PMC 指数得分所对应的政策等级和基本特征，如表8-4所示。

表 8-4　PMC 指数得分评级表

序号	PMC 指数值	评价等级	评价	表达含义
1	[9, 10]	A	较好	这类政策在制定过程中充分考虑了各方面的问题和内容，从评价角度看，PMC 指数得分较高，政策的内容完整、目标清晰、结构合理、适用广泛，能够达到政策的目标
2	[7, 8.99)	B	可接受	这样的政策在制定过程中大多具有目的性和方向性，政策在实施过程中也比较有效，对关键问题和目标群体产生了比较明显的效果，基本达到了政策预期
3	[5, 6.99)	C	良好	这类政策属于某个领域或针对某项内容的专项文件，从整体看 PMC 指数得分处于中等水平。从局部看，各指标得分处于不稳定但有所侧重的状态，政策执行效果具有局限性
4	[0, 4.99)	D	较差	PMC 指数得分在 0~7 分的政策在实施过程中，较难达到预期的效果，政策的针对性、适用性、可行性不强，政策多数情况下难以达到预期的目标

五、PMC 指数模型图像

PMC 指数模型的实证方法不仅包括数值的计算，而且还可以利用图形图像来直观地辅助显示政策评价的计算结果，能够直观地、全面地、形象地识别展现待评价的政策的优势与缺陷，为政策的优化及改进提供可视化的观察途径。本研究将借助 MS Office Excel 软件绘制 PMC 指数曲面图。

PMC 曲面图能够直观呈现出 PMC 矩阵中的所有结果，即能够显示在多维坐标空间中的任何政策模型的优势和缺陷。PMC 曲面图通常是不规则的、不均匀的三维形状，不同颜色的区域代表不同的分值，表面的凸起部分表示该政策的高评分部分，相应地，凹陷区域表示该政策的低评分部分。选取 9 个样本一级指标变量（X_6、X_7、X_9、X_{10}、X_{11}、X_{12}、X_{13}、X_{14}、X_{15}），使矩阵保持 PMC 曲面较为完美的对称性。

第三节　科技金融政策评价分析与比较

一、北京市科技金融政策 PMC 指数评价分析

（一）PMC 指数计算结果

在计算北京市科技金融政策 PMC 指数得分时，利用开放性编码的结果，结合多位专家意见，采用人工打分处理的方式对北京市科技金融政策的二级指标进行赋值，能够最大限度地排除个体的主观影响，得到较为合理的二级指标得分情况。

根据前面计算方法，得出北京市 2006 年 2 月至 2022 年 2 月共发布的 784 份现行有效的科技金融政策的 PMC 指数结果，因篇幅有限，列出 P1 关于印发《中关村国家自主创新示范区国际化发展指导意见》的通知、P2《关于加大金融支持科创企业健康发展的若干措施》的通知、P3《北京市海淀区人民政府关于促进国家科技金融创新中心建设发展的若干意见》等 10 份 PMC 指数（见表 8-5）。

表 8-5　北京市科技金融政策 PMC 指数表（部分）

变量	P_1	P_2	P_3	P_4	P_5	P_6	P_7	P_8	P_9	P_{10}
X_1 政策效力	0.50	0.25	0.25	0.75	0.25	1.00	0.50	0.75	0.25	0.50
X_2 政策颁布机构	1.00	0.33	1.00	0.67	1.00	1.00	0.33	0.67	1.00	1.00
X_5 顶层设计	0.50	0.50	0.50	0.50	1.00	0.00	0.50	1.00	0.50	0.50
X_6 政策导向	0.80	0.20	0.40	0.40	0.60	0.80	1.00	1.00	0.60	0.40

变量	P_1	P_2	P_3	P_4	P_5	P_6	P_7	P_8	P_9	P_{10}
X_7 政策性质	0.17	0.00	0.00	0.67	0.50	0.33	0.67	1.00	0.67	0.67
X_8 政策工具	1.00	1.00	0.50	0.75	0.00	0.00	1.00	0.50	0.25	1.00
X_9 重点任务	0.29	1.00	0.14	0.86	0.00	0.57	0.14	0.57	0.29	0.86
X_{10} 资源类别	0.25	0.25	0.00	0.50	0.75	0.00	0.25	1.00	0.50	1.00
X_{11} 涉及领域	1.00	0.86	0.14	0.71	0.43	1.00	0.29	0.86	0.57	0.43
X_{12} 保障手段	1.00	0.25	0.25	1.00	1.00	0.50	0.50	0.00	0.75	0.00
X_{13} 激励措施	0.13	0.38	1.00	1.00	0.63	0.00	0.63	0.88	0.88	0.13
X_{14} 政策对象	0.17	1.00	0.00	0.83	0.83	0.00	0.17	1.00	0.67	0.33
X_{15} 框架及路径	1.00	0.00	0.50	0.00	0.25	0.25	1.00	0.75	0.00	0.75
PMC 指数	7.79	6.02	4.69	8.64	7.24	5.45	6.97	9.97	6.93	7.56
排名	3	8	10	2	5	9	6	1	7	4
等级	可接受	良好	较差	可接受	可接受	较差	良好	较好	良好	可接受

通过利用按照 PMC 指数计算公式（8-1）和公式（8-2），分别对 784 份北京市科技金融政策进行二级指标赋值和一级指标得分计算，最终计算出各个科技金融政策的 PMC 指数。其中有 59 份科技金融政策的 PMC 指数得分在 [9，10]，处于 A 级（较好）；469 份政策的 PMC 指数得分在 [7，8.99），处于 B 级（政策可接受）；240 份科技金融政策的 PMC 指数得分在 [5，6.99），处于 C 级（政策良好）；剩余 16 份科技金融政策的 PMC 指数得分在 [0，4.99），处于 D 级（较差），如图 8-4 所示。

（二）评价分析

北京市历年来共发布七百余份科技金融相关政策助力金融与科技协同发展，促进科技金融成果转化支持实体经济发展，相关科技金融政策的发展与实施总体上取得了良好的进展和效果，也存在一定的改善空间。

第一，时代特色鲜明。北京市科技金融政策有着鲜明的现实性和时代性，政策所涉及的领域、政策要求的重点任务以及保障政策稳健实施的手段等多个

（份）

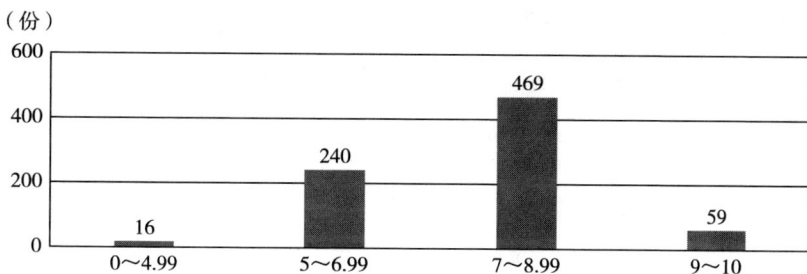

图 8-4　北京市 2006 年至今科技金融政策 PMC 指数分布图

政策评价要素都呈现出实事求是、与时俱进的特点，能够切实根据当时社会经济条件因地制宜地制定政策与实施，符合了当时经济社会发展需要，能够较好地在政策所导向的领域中发挥好调节、保障与规范的作用。

第二，内容较为充实完善。北京市当前的科技金融政策大多都具有一定的目的性和指向性，政策在实施中执行力较强，对关键问题和目标群体产生的有效结果较多，基本可以达到政策预期，内容较为完整充实，具有良好的合理性和持续性，且多数政策 PMC 指数得分较高，政策覆盖面较广，针对性较强，具备良好的普遍适用性。北京市科技金融政策虽类型多样，但较为注重宏观指导。政策实施缺乏牵头责任单位和相关职能部门的具体分工，政策操作性和执行性较弱，促使政策目标落地的措施较为匮乏。

第三，政策效力较为显著。目前的科技金融政策能够处理好政策导向和现实需求之间的平衡，同时能够有效地进行指导规范与具体实施，可以呈现出切实可行的政策标准和指导细则。但仍有一些配套政策间缺乏有效的衔接和匹配。虽然北京市政策发布机构已经在宏观层面上有了对应的顶层设计，然而因跨部门、跨行业、跨主体的特性所造成的制度壁垒，导致有配套关系的科技金融政策在制定时原则和目标发生出入，对政策效力也产生影响。

第四，政策结构不够平衡。在选取的北京市科技金融政策中，存在属于单个项目的专门政策。从这类科技金融政策的一级指标变量得分来看，呈现出不平衡的结构分布，政策在制定的过程中偏重某一具体领域或政策对象。而且目前北京市关于科技金融的政策工具虽较为多元，但其两极分化仍较为明显，服务型、市场型政策使用较多，激励型、强制型政策较少，说明北京市制定与执行科技金融政策时较为注重市场关联，强化政府服务职能，但是对于一些需要强化政府管理职能的领域重视不足，在一定程度上削弱政策效用。

二、典型地区科技金融政策比较分析

为了增强北京市科技金融政策评价的显著性和可比性，有效发挥 PMC 指数模型的优势，选取 10 份来自不同地区的同层级典型科技金融政策作为对照样本，通过比较不同政策的 PMC 指数，为进一步优化政策提供参考借鉴。

需要突出说明的是，选取对照政策样本的主要依据有以下三点：①与相邻区域作比较发现共性问题。天津市、河北省和北京市共同构成京津冀协同发展带，地理区位相同，同时天津市和河北省受首都辐射影响较大，因此选取天津市与河北省科技金融政策。②选择相似发展背景的区域比较，可以暴露政策存在的个性问题，上海市与北京市具有相近的社会经济发展背景，故选取上海市的科技金融政策作为对照政策样本。③选择近年来科技金融发展较为快速的省市作比较，能够找到政策未来发展改进的方向，为优化政策提供宝贵的未来经验，故选取粤港澳大湾区的科技金融政策作为对照政策样本。

（一）京津冀地区典型科技金融政策比较分析

为了更好地展示本次应用的 PMC 指数模型方法以及所建立的指标体系在研究北京市科技金融政策中的实用性，本章将进一步围绕京津冀地域主题选用8 份代表性科技金融政策进行具体的 PMC 指数模型评价分析。选取的京津冀地区典型科技金融政策如表8-6所示。

表 8-6 京津冀地区典型科技金融政策表

序号	政策代码	京津冀科技金融政策	发布机构	颁布时间
1	P_1	关于印发《中关村国家自主创新示范区国际化发展指导意见》的通知	中科园发〔2020〕43 号	2021 年
2	P_2	《关于加大金融支持科创企业健康发展的若干措施》的通知	京金融〔2020〕7 号	2020 年
3	P_3	《关于促进国家科技金融创新中心建设发展的若干意见》	海行规发〔2018〕11 号	2018 年
4	P_4	《关于印发天津市科技金融专员聘任考核奖励办法（试行）的通知》	天津市科学技术委员会	2014 年
5	P_5	天津市人民政府印发《关于当前促投资稳增长 33 条措施的通知》	天津市人民政府	2015 年
6	P_6	《关于加强科技人才队伍建设支撑高质量发展的若干措施的通知》	天津市科学技术局	2021 年
7	P_7	《河北省科学技术进步条例》（2020 修订）	河北省人大（含常委会）	2020 年
8	P_8	关于印发《河北省科技企业贷款风险补偿实施细则》的通知	河北省科学技术厅	2020 年

首先对各个样本政策进行二级指标变量赋值，根据表8-3 对应的二级变量指标，计算一级指标变量及对应 PMC 指数，部分结果如表 8-7 所示。

表 8-7 京津冀地区典型科技金融政策 PMC 指数表

变量	P_1	P_2	P_3	P_4	P_5	P_6	P_7	P_8
X_1 政策效力	0.25	0.25	0.25	0.75	0.50	1.00	1.00	1.00
X_2 政策颁布机构	0.33	0.33	0.33	1.00	0.33	0.33	0.67	0.33
X_5 顶层设计	1.00	0.50	1.00	0.50	1.00	0.50	0.50	0.50
X_6 政策导向	0.80	0.60	0.60	0.60	0.20	0.60	1.00	0.20
X_7 政策性质	1.00	0.67	1.00	0.50	0.50	0.83	0.33	1.00
X_8 政策工具	0.50	0.75	0.75	0.25	0.25	0.50	0.75	0.75
X_9 重点任务	0.57	1.00	0.57	0.86	0.71	0.86	0.86	0.43
X_{10} 资源类别	1.00	0.75	0.75	0.50	0.75	0.50	0.50	1.00

续表

变量	P_1	P_2	P_3	P_4	P_5	P_6	P_7	P_8
X_{11} 涉及领域	0.86	0.71	0.43	1.00	0.71	0.57	1.00	1.00
X_{12} 保障手段	1.00	1.00	1.00	0.00	1.00	0.50	0.50	1.00
X_{13} 激励措施	0.88	0.63	0.38	0.25	0.38	0.38	0.25	0.50
X_{14} 政策对象	1.00	0.83	0.50	0.83	0.17	0.33	0.17	0.83
X_{15} 框架及路径	0.75	1.00	1.00	0.50	1.00	0.25	0.25	0.25
PMC 指数	9.94	9.02	8.31	8.54	8.00	7.15	7.77	8.79
排名	1	2	5	4	6	8	7	3
等级	可接受	可接受	可接受	可接受	可接受	可接受	可接受	可接受

根据表 8-7 得出的 PMC 指数以及一级指标变量得分，利用 MS Office Excel 工具软件可绘制 PMC 三维曲面图形，同时根据北京市科技金融政策各一级指标的平均值绘制北京市科技金融政策平均 PMC 指数模型图，如图 8-5 所示。

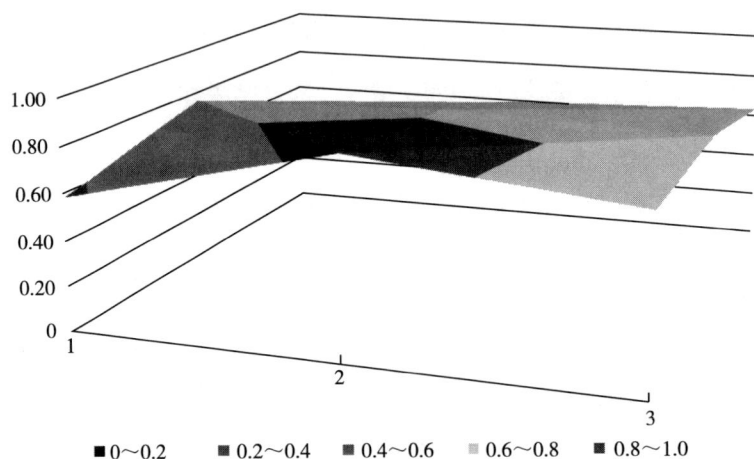

图 8-5　北京市科技金融政策平均 PMC 指数模型图

表 8-7 以及 PMC 曲面图能够反映属于北京市科技金融政策（P_1、P_2、

P_3）、天津市科技金融政策（P_4、P_5、P_6）、河北省科技金融政策（P_7、P_8）的二级指标变量赋值情况、一级指标变量得分情况以及各自的 PMC 指数结果（见图 8-6），根据表 4PMC 指数得分评级表，P_1、P_2 两政策均属于 A 级，$P_3 \sim P_8$ 属于 B 级，为可接受政策。总体来看，所选 8 份典型京津冀地区科技金融政策均表现优秀，政策内容较为完整，政策的目标导向清晰，实施结构合理且使用广泛，具有较好的普遍适用性和可持续性，同时京津冀三地科技金融政策在指导思想、科技金融人才资源、完善信息发布和共享制度等多个二级指标得分上各有差异，说明三地科技金融政策在政策目标、导向、执行实施等方面各有侧重。最后，可以通过北京市科技金融政策 PMC 平均模型看出，北京市科技金融政策整体较为完善，各一级指标得分均较为可观，得分均属于［0.6，0.8］，说明北京市的科技金融政策的制定对于政策执行以及落地有着良好的支持支撑作用，能够较为有效地推动北京市科技金融的发展和完善。

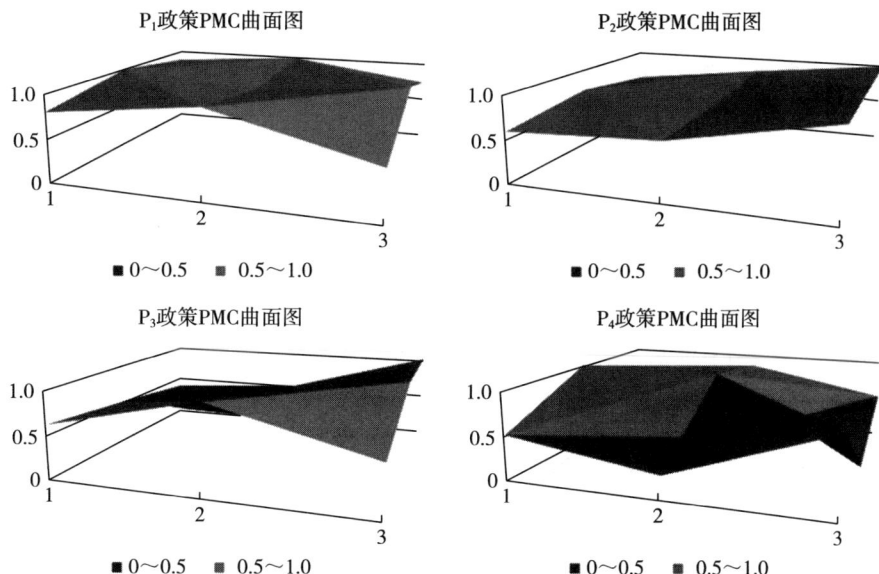

图 8-6　京津冀地区典型科技金融政策 PMC 曲面图

P₅政策PMC曲面图

P₆政策PMC曲面图

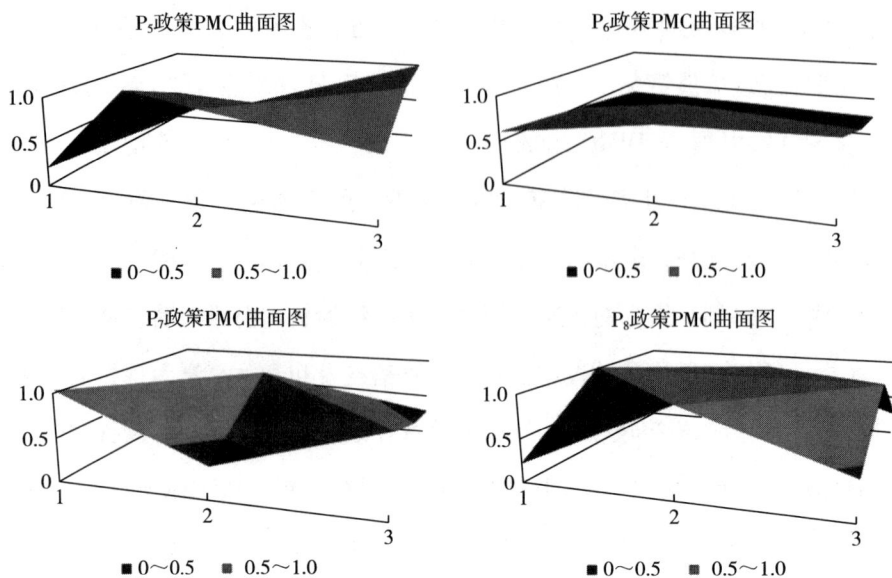

■ 0~0.5 ■ 0.5~1.0

■ 0~0.5 ■ 0.5~1.0

P₇政策PMC曲面图

P₈政策PMC曲面图

■ 0~0.5 ■ 0.5~1.0

■ 0~0.5 ■ 0.5~1.0

图 8-6 京津冀地区典型科技金融政策 PMC 曲面图（续）

（二）京沪及粤港澳大湾区科技金融政策比较分析

2016 年国务院下发《北京加强全国科技创新中心建设总体方案》提出加快国家科技金融创新中心建设；同年国务院批准并印发《上海系统推进全面创新改革试验加快建设具有全球影响力的科技创新中心方案》提出在科技金融创新、人才引进、科技成果转化、开放创新等方面，取得一批重大创新改革成果；2019 年中共中央、国务院印发《粤港澳大湾区发展规划纲要》提出建设具有全球影响力的国际科技创新中心。选用京沪及粤港澳大湾区三地代表性科技金融政策中的 8 份作为样本，同样进行具体的 PMC 指数模型评价实证分析。选取的京沪及粤港澳大湾区典型科技金融政策如表 8-8 所示。

首先对各个样本政策进行二级指标变量赋值，根据表 8-3 对应的二级变量指标，计算一级指标变量及对应 PMC 指数，结果如表 8-9 所示。

表 8-8　京沪及粤港澳大湾区典型科技金融政策

序号	政策代码	京沪及粤港澳大湾区典型科技金融政策	发布机构	颁布时间
1	P₁	关于印发《中关村国家自主创新示范区国际化发展指导意见》的通知	中科园发〔2020〕43 号	2021 年
2	P₂	《关于加大金融支持科创企业健康发展的若干措施》的通知	京金融〔2020〕7 号	2020 年
3	P₃	《关于促进国家科技金融创新中心建设发展的若干意见》	海行规发〔2018〕11 号	2018 年
4	P₄	《关于推动上海银行业和保险业差异化转型高质量发展的实施意见》的通知	上海银保监局	2020 年
5	P₅	《关于进一步加强投资促进工作推进经济高质量发展的实施意见》	上海市普陀区人民政府、中共普陀区委	2020 年
6	P₆	《关于促进上海创业投资持续健康高质量发展的若干意见》	上海市人民政府	2019 年
7	P₇	《关于推进共建粤港澳大湾区国际金融枢纽的实施意见》	广州市推进粤港澳大湾区建设领导小组	2021 年
8	P₈	《关于推进共建粤港澳大湾区国际金融枢纽三年行动计划（2021—2023 年）》	广州市推进粤港澳大湾区建设领导小组	2021 年

表 8-9　京沪及粤港澳大湾区典型科技金融政策 PMC 指数

变量	P₁	P₂	P₃	P₄	P₅	P₆	P₇	P₈
X_1 政策效力	0.25	0.25	0.25	1.00	0.25	0.50	1.00	1.00
X_2 政策颁布机构	0.33	0.33	0.33	0.67	1.00	0.33	0.33	1.00
X_5 顶层设计	1.00	0.50	1.00	0.50	0.50	1.00	1.00	1.00
X_6 政策导向	0.80	0.60	0.60	1.00	0.80	0.20	0.20	1.00
X_7 政策性质	1.00	0.67	1.00	0.33	0.33	1.00	0.67	0.50
X_8 政策工具	0.50	0.75	0.75	0.50	0.50	1.00	1.00	1.00
X_9 重点任务	0.57	1.00	0.57	0.29	0.86	0.71	1.00	0.14
X_{10} 资源类别	1.00	0.75	0.50	0.25	0.75	1.00	1.00	0.50
X_{11} 涉及领域	0.86	0.71	0.43	0.29	0.86	0.14	1.00	0.86
X_{12} 保障手段	1.00	1.00	1.00	0.75	0.50	0.25	0.50	1.00
X_{13} 激励措施	0.88	0.63	0.38	1.00	1.00	0.50	0.75	0.63
X_{14} 政策对象	1.00	0.83	0.50	0.17	0.83	0.33	0.67	0.83

续表

变量	P_1	P_2	P_3	P_4	P_5	P_6	P_7	P_8
X_{15} 框架及路径	0.75	1.00	1.00	1.00	0.50	1.00	0.50	0.50
PMC 指数	8.24	8.68	7.97	8.24	8.68	7.97	9.62	9.46
排名	5	3	7	5	3	7	1	2
等级	可接受	可接受	可接受	可接受	可接受	可接受	可接受	可接受

根据表 8-9 得出的 PMC 指数以及一级指标变量得分，利用 MS Office Excel 工具软件可绘制 PMC 三维曲面图形，具体如图 8-7 所示。

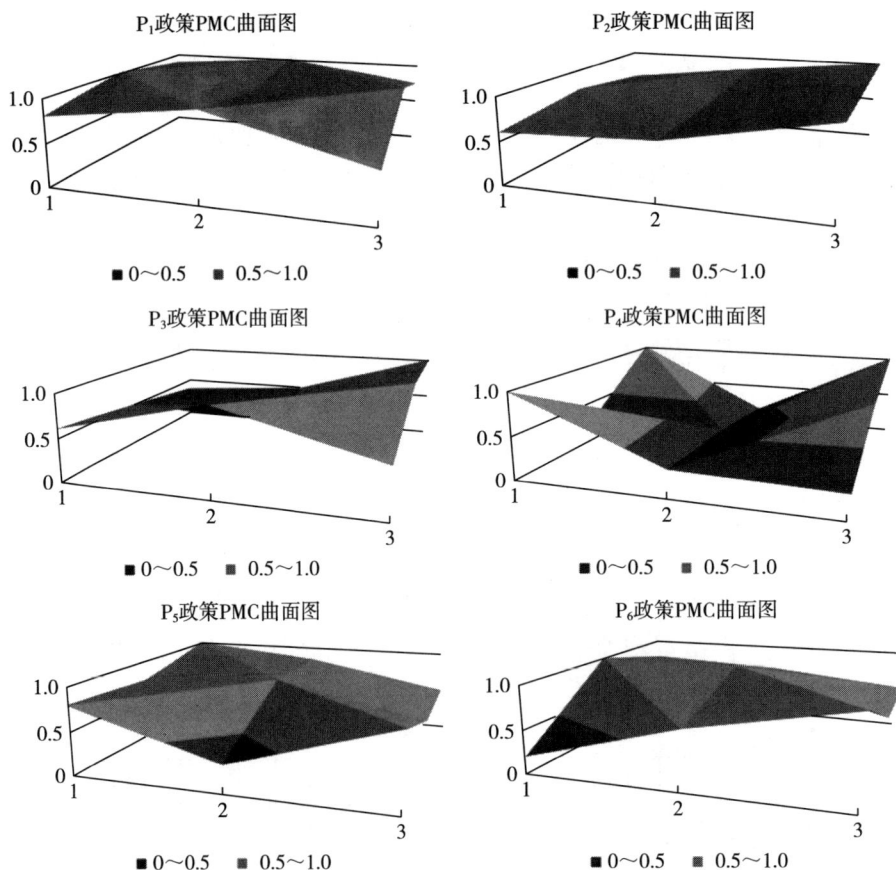

图 8-7　京沪及粤港澳大湾区典型科技金融政策 PMC 曲面图

P₇政策PMC曲面图　　　　　　　　　P₈政策PMC曲面图

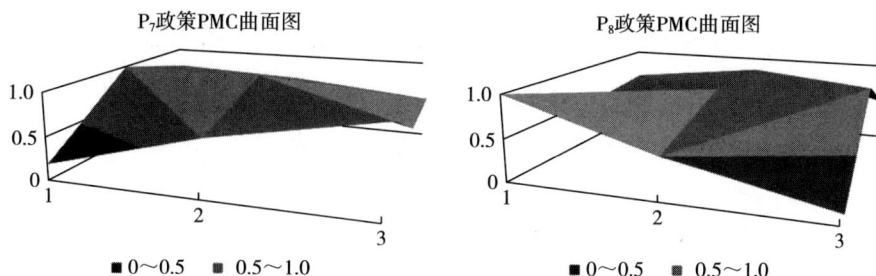

图8-7　京沪及粤港澳大湾区典型科技金融政策 PMC 曲面图（续）

表8-8、表8-9 和图8-7 为选取的北京市、上海市、粤港澳大湾区部分典型科技金融政策的 PMC 指数，并依据 PMC 指数高低进行合理排序。由图8-8 可以看出，浅色部分区域代表各一级指标得分处于［0.5，1］，大部分政策一级指标得分整体向好，能够使科技金融政策精准发力，有效促进当地科技金融的发展，辐射更多行业和领域，实现产业经济金融三方协同发展。其中粤港澳大湾区选取的科技金融政策主要围绕国际金融枢纽建设，故对科技金融支持力度较大，支持范围较广，PMC 指数得分较高，对于北京市建设科技金融政策具有良好的借鉴意义。同时，所选取的上海市和粤港澳大湾区的科技金融政策各有侧重各具特色，从激励措施、政策目标等多个方面针对性地颁布与实施政策，同样对北京市优化科技金融政策体系和结构起到了重大建设性的示范作用。

第四节　对策与建议

一、完善科技金融政策内容与结构

在政策内容上，增加措施和行为规范类的政策数量，进一步强调政策的可行性和严肃性,在保证政策可行性和精细化的基础上,降低政策执行难度。在科技金融发展的不同阶段,应以与时俱进为准则,根据不同部门不同分工做好政策工具的落地实施。要注意政策内容的连贯性和前瞻性,充分考虑科技金融政策的效果由宏观层面传达到微观企业层面的时滞,因此颁布的政策在内容上需要前后连贯,当期颁布的科技金融政策需要考虑前期政策效果的释放,要长远、系统地考虑科技金融政策的颁布,以发展和前瞻的眼光制定和颁布科技金融政策。在政策结构上,丰富各类型政策工具使用,实现政策工具的平衡性和多样性。在营造良好科技金融发展氛围的同时,根据不同领域和不同政策目标,面向不同政策对象,合理重视激励型和强制型政策工具的使用,发挥要素支持和市场牵引的作用,谋求政策工具的协调统一。

二、优化政策实施效率,强调政策主体协同

在加强政策投入力度,对政策目标、措施等提效增质的同时,注重发挥不同类型科技金融政策投入对于科技产出的促进作用,实现政策资源科技产出的最大化。在政策的实施过程中应注重政策间的精准协调与实践中的精准施治,填补政策在实施过程中形成的"效率洼地",实现科技金融政策的有效供给,着重把握政策实施的社会经济条件,突破外生性因素的制约。增强政府部门之间的协调与配合,要充分发挥政府部门在实施过程中引导与服务的功能,发挥好各类科技金融政策的优势,使之相辅相成、优势互补,以提高相关政策执行的专业性和执行性。加深部门间、行业间、主体间的沟通与衔接,着眼整体跨越单一利益来进行考量,充分统筹和调动财政、信贷、保险与资本市场等各方力量,促进更加广泛的部门、行业、主体参与到政策的制定与执行过程中,形成政策合力。建立跨部门联动机制,强化各部门的协调,并编制和发放科技金融政策知晓手册,利用网络新媒体平台、政府各部门APP、企业微信群等多渠道加大对企业尤其是民营企业的科技金融政策宣传力度,通过明确主体职责、

优化执行流程,将国家政策与区域政策协调配合,使部门之间形成有效合作,进一步提升政策服务质量与效率,以更好地助力科技金融政策的落地,形成科技金融政策的合力。

三、加强各地政府间协同配合

突破行政区域的限制,注重京津冀三地的协同联动,打破现有政策的效力边界和单个部门的职责范围,促进各政府间的纵向协同和部门间的横向配合,兼顾各地不同政策目标的协调推进,考虑因地制宜,强化不同类型政策措施的组合使用,在政策谋划、制定、匹配、评估、反馈等环节全程合作,并引入第三方服务机制,建立相对统一的评价标准和规范,注重发挥三地联动的系统优势,实现从单一要素协同到系统协同的转变。

四、构建政策需求端与供给端的互通反馈机制

宏观政策的效果最终体现在微观企业层面,应当根据企业科技与创新等方面的表现对科技金融政策的效果做出合理评估。同时需要加强政府与企业间的良性互动,优化企业反馈机制,利用网络平台等形式促进政府与企业间的良性互动,结合企业需求强化政策引导,以降低企业办理成本和申请难度,充分激发企业主体参与到政策实施中的积极性和主动性。结合企业需求,强化科技金融政策的引导效力,以提高政策在微观层面的实施效率。构建好政策传导机制,结合科技型中小企业发展特征,通过线下宣讲、线上社群等方式,扩大政策宣传覆盖范围,并充分发挥集团企业条块结合、上传下达的积极作用,强化政策信息在企业的宣传力度。

参考文献

［1］ Alessandra C, Stoneman P. Financial Constraints to Innovation in the UK: Evidence from CIS2 and CIS3 ［J］. Oxford Economic Papers, 2008, 60 (4): 711-730.

［2］ Ansari Saleh Ahmar, Achmad Daengs GS, Tri Listyorini, Castaka Agus Sugianto, Y Yuningsih, Robbi Rahim, Nuning Kurniasih. Implementation of the ARIMA (p, d, q) method to forecasting CPI Data using forecast package in R Software ［J］. Journal of Physics: Conference Series, 2018, 1028 (1).

［3］ Anselin L. Local Indicators of Spatial Association-LISA ［J］. Geographical Analysis, 1995, 27 (2): 93-115.

［4］ Anselin L. Spatial Econometrics: Methods and Models ［M］. Boston: Kluwer Academic, 1988.

［5］ Arellano, Bond. Some Tests of Specification for Panel Data: Monte Carlo Evidence and an Application to Employment Equations ［J］. Review of Economic Studies, 1991 (2).

［6］ Beroho Mohamed, Briak Hamza, El Halimi Rachid, Ouallali Abdessalam, Boulahfa Imane, Mrabet Rachid, Kebede Fassil, Aboumaria Khadija. Analysis and Prediction of Climate Forecasts in Northern Morocco: Application of Multilevel Linear Mixed Effects Models Using R Software [J] . Heliyon, 2020, 6 (10) .

[7] Blundell, Bond. Initial Conditions and Moment Restrictions in Dynamic Panel Data Models [J] . Journal of Econometrics, 1998 (87) .

[8] Bronwyn H Hall, Josh Lerner. The Financing of R&D and Innovation [M] . Amsterdam: Elsevier Inc, 2010: 26-41.

[9] B Nagajothi, Dr. R Jemima Priyadarsini. Sentiment Analysis on Twitter Dataset using R Language [J] . Journal of Trend in Scientific Research and Development, 2019, 3 (6) .

[10] Card D, Krueger A B. Minimum Wages and Employment: A Case Study of the Fast Food Industry in New Jersey and Pennsylvania [J] . Social Science Electronic Publishing, 2000, 90 (5): 1362-1396.

[11] Clément Calenge. The Package "Adehabitat" for the R Software: A Tool for the Analysis of Space and Habitat Use by Animals [J] . Ecological Modelling, 2006, 197 (3): 516-519.

[12] D Czarnitzki, K Hussinger. The Link between R&D Subsidies, R&D Spending and Technological Performance [R] . ZWE Discussion Paper, 2004: 44-56.

[13] David H. Autor. Outsourcing at Will: The Contribution of Unjust Dismissal Doctrine to the Growth of Employment Outsourcing [J] . Journal of Labor Economics, 2003, 21 (1): 42.

[14] David North, David Smallbone. Small Business Development in Remote Rural Areas: The Example of Mature Manufacturing Firms in Northern England [J] . Journal of Rural Studies, 1996, 12 (2): 151-167.

[15] Douven R, Peeters M. GDP-spillovers in Multi-country Models [J] .

Economic Modelling, 1998, 15 (2): 163-195.

[16] D Rohde, J Corcoran, T R McGee. Probabilistic Methods of Analysis for the Time Series Moran Scatter Plot Quadrant Signature [J]. Environmetrics, 2015, 1: 52-65.

[17] George A. Akerlof. The Market for "Lemons": Quality Uncertainty and the Market Mechanism [J]. The Quarterly Journal of Economics, 1970, 84 (3).

[18] Getis A, Ord J K. The Analysis of Spatial Association by Use of Distance Statistics [J]. Geographical Analysis, 2010, 24 (3): 189-206.

[19] Gil Avnimelech, Morris Teubal. Creating Venture Capital Industries that Co-evolve with High Tech: Insights from an Extended Industry Life Cycle Perspective of the Israeli Experience [J]. Research Policy, 2006 (10): 1477-1498.

[20] Glaser B, Strauss A, & Strutzel E. The Discovery of Grounded Theory: Strategies for Qualitative Research [J]. Nursing Research, 1968: 17, 364.

[21] Griliches Z. Patent Statistics as Economic Indicators: A Survey [J]. Journal of Economic Literature, 1990, 28 (4): 1661-1707.

[22] Griliches ZVI. Research Expenditures, Education, and the Aggregate Agricultural Production Function [J]. American Economic Review, 1964, 54: 961-974.

[23] Guilherme V. Moura, Douglas Eduardo Turatti. Efficient Estimation of Conditionally Linear and Gaussian State Space Models [J]. Economics Letters, 2014, 124 (3): 494-499.

[24] Hamberg D. R&D: Essays on the Economics of Research and Development [R]. New York: Random House, 1966.

[25] Harvey C. R. Forecasting Structural Time Series Models and the Kalman Filter [M]. Cambridge University Press, Cambridge, 1989.

［26］Ioannis Charalampopoulos. The R Language as a Tool for Biometeorological Research ［J］. Atmosphere, 2020, 11 (7).

［27］Kajurová, Veronika; Linnertová, Dagmar. The Impact of Loose Monetary Policy on the Competitiveness of Czech Firms ［J］. Economic Studies & Analyses/ Acta VSFS, 2018, 12 (1): 43-73.

［28］Krugman P. What do we Need to Know About the International Monetary System?. In: Understanding Interdependence: The Macroeconomics of an Open E-conomy ［M］. Princeton: Princeton University Press, 1995: 509-525.

［29］Krämer Walter. A Hausman test with Trending data ［J］. Economics Letters, 1985, 4: 323-325.

［30］Levinr, Reiss P C. Tests of a Schumpeterian Model of R&D and Market Structure ［M］. Chicago: University of Chicago Press, 1984.

［31］Libecap G D. Economic Variables and the Development of the Law: The case of Western Mineral Rights ［A］. Lee J. Alston, Thrainn Eggertsson and Douglass C, North, Empirical Studies in Institutional Change ［M］. Cambridge University Press, 1996: 34-58.

［32］Lie, Liao C, Yen H. Co-authorship Networks and Research Impact: A Social Capital Perspective ［J］. Research Policy, 2013, 42 (9): 1515-1530.

［33］Luigi Benfratello, Fabio Schiantarelli, Alessan Dro Sembenelli. Banks and Innovation: Micro-econometric Evidence on Italian firms ［J］. Journal of Financial Economoies, 2008, 90 (2): 197-217.

［34］Malmus D Czarnitzki. The Effects of Public R&D Subsidies on Firms' Innovation Activities ［J］. Journal of Business & Economic Statistics, 2003, 21 (2): 226-236.

［35］Mani, Sunil. Government, Innovation and technology policy, an interna-

tional Comparative Analysis [J] . Technology and Globalization, 2004, 1 (1):
29-44.

[36] Mayer, Colin. Financing the New Economy: Financial Institutions and Corporate Governance [J] . Information Economics and Policy, 2002, 14 (2): 311-326.

[37] Mottaeva, Asiiat. Procedure for Determining Integral Index of Motor Transport Enterprises Competitiveness as the Basis of Shaping Regional Programs of Transport Infrastructure Development [C] . International Science Conference SPb-WOSCE-SMART City, 2017 (106) .

[38] Newbert S L Value, Rareness, Competitive Advantage, and Performance: A Conceptual Level Empirical Investigation of the Resource-based View of the firm [J] . Strategic Management Journal, 2008, 29 (7): 745-768.

[39] Nidhi Makarand Kawale, Dr. Snehil Dahima. Market Basket Analysis using Apriori Algorithm in R Language [J] . Journal of Trend in Scientific Research and Development, 2018, 2 (4) .

[40] PCAST. Sustaining the Nation's Innovation Ecosystem: Information Technology Manufacturing and Competitiveness [R] . 2004.

[41] Rajan, Raghuram G, Luigi Zingales. Power in a Theory of the Firm [J] . Quarterly Journal of Economics, 1998 (2): 387-432.

[42] Richardson H W. Growth Pole Spillovers: The Dynamics of Backwash and Spread [J] . Regional Studies, 2007, 41 (S1): S27-S35.

[43] Rothwell R, Zegveld W. An assessment of Government Innovation Policies [J] . Review of Policy Research, 1984, 3 (3): 436-444.

[44] Schumpter J. Review: Mitchell's Business Cycles [J] . Quarterly Journal of Economics, 1930, 45 (1): 150-172.

［45］Sunil Mani. Institutional Support for Investment in Domestic Technologies：An Analysis of the Role of Government in India［J］. Technological Forecasting & Social Change，2004，71（8）：855-863.

［46］Tadesse Solomon. Financial Development and Technology［R］. University of Michigan，William Davidson Institute Working Paper 749，2005.

［47］Wang C，Rodan S，Fruin M，et al. Knowledge Networks，Collaboration Networks，and Exploratory Innovation［J］. Academy of Management Journal，2014，57（2）：484-514.

［48］Wilson K E，Silva F. Policies for Seed and Early Stage Finance：Findings from the 2012 OECD Financing Questionnaire［R］. Brussels：EU，2013.

［49］Zeshuo Qiu，Haopeng Luo，Hongyan Xi. Forecast and Analysis of Volatility Trend of Chinese Stock Market Based on R Language［J］. Journal of Physics：Conference Series，2019，1168（3）.

［50］安琴，熊坤，杨声莲. 科技型中小企业融资模式及其主体关系研究［J］. 开发研究，2018（1）：156-160.

［51］安同良，周绍东，皮建才. R&D 补贴对中国企业自主创新的激励效应［J］. 经济研究，2009，44（10）：87-98+120.

［52］毕茜，李萧言，于连超. 环境税对企业竞争力的影响——基于面板分位数的研究［J］. 财经论丛，2018（7）：37-47.

［53］曹颢，尤建新，卢锐，陈海洋. 我国科技金融发展指数实证研究［J］. 中国管理科学，2011，19（3）：134-140.

［54］曹楠楠. 科技金融发展模式研究——以河北省为例［J］. 中小企业管理与科技（下旬刊），2013（1）：157-158.

［55］陈涤非. 金融与科技：在互动中共同发展［J］. 现代经济探讨，2002（6）：45-47.

［56］陈非，蒲惠荧，龙云凤．广东省科技金融投入与创新效率地区差异的实证研究［J］．科技管理研究，2019（17）：82-90.

［57］陈林，伍海军．国内双重差分法的研究现状与潜在问题［J］．数量经济技术经济研究，2015，32（7）：133-148.

［58］陈强．高级计量经济学及Stata应用［M］．北京：高等教育出版社，2010：334-344.

［59］陈强．高级计量经济学及Stata应用（第二版）［M］．高等教育出版社，2013：10.

［60］陈亚男，包慧娜．科技金融发展对产业结构升级影响的实证分析［J］．统计与决策，2017，33（15）：170-173.

［61］陈胤默，王喆，张明．数字金融研究国际比较与展望［J］．经济社会体制比较，2021（1）：180-190.

［62］陈永发．对科技型初创企业的天使投资影响因素研究［D］．广东财经大学，2019.

［63］陈运森，黄健峤，韩慧云．股票市场开放提高现金股利水平了吗？——基于"沪港通"的准自然实验［J］．会计研究，2019（3）：55-62.

［64］成海燕，徐治立，张辉．科技金融政策促进科技企业发展的资源配置效率研究——来自北京市的实证调查［J］．科技进步与对策，2020（1）：10.

［65］程航，王东．基于文本挖掘的生鲜电商顾客满意度评价体系研究［J］．物流科技，2019，42（10）：73-77.

［66］程翔，鲍新中，沈新誉．京津冀地区科技金融政策文本的量化研究［J］．经济体制改革，2018（4）：56-61.

［67］程翔，鲍新中，张瑞，沈新誉．基于政策量化的京津冀地区科技金融政策有效性分析［J］．科技管理研究，2018，38（20）：69-75.

［68］程翔，鲍新中．科技金融政策效率研究——以京津冀地区为例 ［J］．北京联合大学学报（人文社会科学版），2018，16（3）：116-124.

［69］程翔，孙迪，鲍新中．经济高质量发展视角下我国省域产业结构调整评价 ［J］．经济体制改革，2020，4：122-128.

［70］崔广慧，姜英兵．环境规制对企业环境治理行为的影响——基于新 《环保法》的准自然实验 ［J］．经济管理，2019，41（10）：54-72.

［71］崔璐，申珊，杨凯瑞．中国政府现行科技金融政策文本量化研究 ［J］．福建论坛（人文社会科学版），2020（4）：162-171.

［72］崔茜．基于 R 语言山西省经济发展时空差异分析 ［J］．国土与自然资源研究，2017（1）：25-27.

［73］戴彩霞．福建省科技金融服务业发展建议 ［J］．海峡科学，2015 （3）：64-65，69.

［74］邓创，王一森．中国金融经济周期波动与财政货币政策协同调控效应分析 ［J］．当代财经，2022（11）：3-15.

［75］邓苏苏．基于 R 语言的湖南产业结构对其经济增长贡献分析 ［J］．商，2016（24）：277-278.

［76］丁丹，刘平养．江浙沪农村农业融合发展的制度供给特征——基于 186 份政策文本的分析 ［J］．复旦学报（自然科学版），2020，59（4）：460-467.

［77］董静等．风险投资介入与创业企业国际化——基于我国高科技上市公司的实证研究 ［J］．财经研究，2017，43（4）：120-132.

［78］董阳，叶中华．小汤山的区域经济环境可持续发展 ［J］．国家行政学院学报，2014（5）：105-109.

［79］董业军，陈敬良．运用 C-D 生产函数对我国经济中 β 值的实证研究 ［J］．上海理工大学学报（社会科学版），2001（4）：76-80.

［80］豆士婷，刘佳，庞守林．科技政策组合的技术创新协同效应研究——供给侧—需求侧视角［J］．科技进步与对策，2019（22）：118-126.

［81］杜根旺，汪涛．创新政策协调研究综述及展望［J］．科研管理，2019，40（7）：1-11.

［82］杜金岷，梁岭，吕寒．中国区域科技金融效率研究——基于三阶段DEA模型分析［J］．金融经济学研究，2016（6）：84-93.

［83］杜瑞，王竹泉，王京．混合股权、技术创新与企业竞争优势——基于高新技术上市公司的实证研究［J］．山西财经大学学报，2016，38（8）：55-64.

［84］杜跃平，马晶晶．科技创新创业金融政策满意度研究［J］．科技进步与对策，2016（9）：96-102.

［85］段世德．湖北省科技金融政策层级协同问题研究［J］．长江论坛，2018（4）：22-28.

［86］范德成，李昊，刘贇．基于改进DEA——以复相关系数为基准的滞后期的我国产业结构演化效率评价［J］．运筹与管理，2016，3：195-203.

［87］房汉廷．关于科技金融理论、实践与政策的思考［J］．中国科技论坛，2010（11）：5-10+23.

［88］房汉廷．科技金融本质探析［J］．中国科技论坛，2015（5）：5-10.

［89］房汉廷．科技金融是什么？［J］．华东科技，2011（6）：34.

［90］冯锋，汪良兵．协同创新视角下的区域科技政策绩效提升研究——基于泛长三角区域的实证分析［J］．科学学与科学技术管理，2011，32（12）：109-115.

［91］冯锐，马青山，刘传明．科技与金融结合对全要素生产率的影响——基于"促进科技和金融结合试点"准自然实验的经验证据［J］．科技

进步与对策，2021，38（11）：9.

［92］付琼，郭嘉禹．金融科技助力农村普惠金融发展的内在机理与现实困境［J］．管理学刊，2021，34（3）：54-67.

［93］傅秋子，黄益平．数字金融对农村金融需求的异质性影响——来自中国家庭金融调查与北京大学数字普惠金融指数的证据［J］．金融研究，2018（11）：68-84.

［94］高月姣，吴和成．创新主体及其交互作用对区域创新能力的影响研究［J］．科研管理，2015（10）．

［95］龚刚敏，赵若男．财政分权对区域技术创新影响的空间计量分析［J］．财经论丛，2021（3）：26-37.

［96］谷慎，汪淑娟．中国科技金融投入的经济增长质量效应——基于时空异质性视角的研究［J］．财经科学，2018（8）：30-43.

［97］郭丕斌，施涛，吴青龙．基于 R 语言主题模型的光伏产业创新政策层级性特征分析［J］．科技进步与对策，2021（2）：1-9.

［98］郭戎，薛薇，张俊芳，张明喜，魏世杰．国家自主创新示范区科技创新政策评价研究［J］．中国科技论坛，2013（11）：11-15.

［99］郭宇蒙．福建省规模以上工业企业创新能力评价——基于 TOPSIS 评价法［J］．海峡科学，2019（8）：59-62.

［100］韩凤芹，罗珵．科技金融政策的新进展与新思路［J］．地方财政研究，2018（10）：70-75.

［101］赫文宁，雷良海．上海市科技金融政策文本量化分析［J］．技术与创新管理，2020，41（1）：40-45.

［102］胡冬雪．科技和金融结合的突破点应该放在成长期科技企业上——2010 年浦江创新论坛之我见［J］．华东科技，2010，298（12）：42-43.

［103］胡锋．混合所有制企业竞争力研究［J］．上海经济研究，2017（10）：13-21.

［104］胡苏迪，蒋伏心．科技金融理论研究的进展及其政策意义［J］．科技与经济，2012（6）：61-65.

［105］黄萃，任弢，李江，赵培强，苏竣．责任与利益：基于政策文献量化分析的中国科技创新政策府际合作关系演进研究［J］．管理世界，2015（12）：68-81.

［106］黄萃，任弢，张剑．政策文献量化研究：公共政策研究的新方向［J］．公共管理学报，2015，12（2）：129-137，158-159.

［107］黄萃．政策文献量化研究［M］．北京：科学出版社，2016：73.

［108］黄栋．国家治理现代化中的政策协同创新［J］．求索，2021（5）：160-169.

［109］黄国平，孔欣欣．金融促进科技创新政策和制度分析［J］．中国软科学，2009（2）：28-37.

［110］黄亮雄，安苑，刘淑琳．中国的产业结构调整：基于三个维度的测算［J］．中国工业经济，2013，10：70-82.

［111］黄鲁成．区域技术创新生态系统的特征［J］．中国科技论坛，2003（1）：23-26.

［112］黄漫宇，曾凡惠．数字普惠金融对创业活跃度的空间溢出效应分析［J］．软科学，2021，35（2）：14-18，25.

［113］黄新平，黄萃，苏竣．基于政策工具的我国科技金融发展政策文本量化研究［J］．情报杂志，2020，39（1）：130-137.

［114］霍远，朱陆露．科技金融、科技创新与区域经济耦合协调发展研究——以"丝绸之路经济带"9省为例［J］．武汉金融，2018（9）．

［115］纪陈飞，吴群．基于政策量化的城市土地集约利用政策效率评价

研究——以南京市为例 [J]. 资源科学, 2015 (11): 2193-2201.

[116] 贾帅帅, 贾林果. 科技金融推动科技创新有效路径的跨国比较——兼谈科技金融促进高新区企业创新的实施路径 [J]. 金融市场研究, 2023 (2): 130-139.

[117] 简慧. 我国科技金融服务的现状、不足与对策 [J]. 南方金融, 2015 (4): 95-98, 84.

[118] 金春雨, 王伟强. 我国不同时期财政政策的宏观经济效应研究 [J]. 西安交通大学学报 (社会科学版), 2016, 36 (3): 31-39.

[119] 金碚. 企业竞争力测评的理论与方法 [J]. 中国工业经济, 2003 (3): 5-13.

[120] 孔伟, 张贵, 李涛. 中国区域创新生态系统的竞争力评价与实证研究 [J]. 科技管理研究, 2019 (4): 64-71.

[121] 雷蒙德·W. 戈德史密斯. 金融结构与金融发展 [M]. 周朔, 译. 上海: 上海三联书店, 上海人民出版社, 1994.

[122] 黎绍凯, 李露一. 自贸区对产业结构升级的政策效应研究——基于上海自由贸易试验区的准自然实验 [J]. 经济经纬, 2019, 36 (5): 79-86.

[123] 李冬琴. 中国科技创新政策协同演变及其效果: 2006—2018 [J]. 科研管理, 2022, 43 (3): 1-8.

[124] 李刚, 程砚秋, 董霖哲. 基尼系数客观赋权方法研究 [J]. 管理评论, 2014, 26 (1): 12-22.

[125] 李红锦, 樊馨媄, 李胜会. 中国高校创新产出空间格局及其溢出效应研究 [J]. 广东财经大学学报, 2019, 34 (6): 24-34.

[126] 李戎, 刘力菲. 制度优势、货币政策协调与财政拉动效应 [J]. 中国工业经济, 2021 (10): 20-38.

［127］李瑞晶，李媛媛，金浩．区域科技金融投入与中小企业创新能力研究——来自中小板和创业板 127 家上市公司数据的经验证据［J］．技术经济与管理研究，2017（2）：124-128.

［128］李善民，陈勋，许金花．科技金融结合的国际模式及其对中国启示［J］．中国市场，2015（5）：40-47.

［129］李文茜等．技术创新、企业社会责任与企业竞争力——基于上市公司数据的实证分析［J］．科学学与科学技术管理，2017，38（1）：155-165.

［130］李先柏．C-D 生产函数、成本、要素用量及参数估计［J］．北京理工大学学报（社会科学版），2008（6）：70-76.

［131］李晓娣，原媛，黄鲁成．政策工具视角下我国养老产业政策量化研究［J］．情报杂志，2021，40（4）：147-154.

［132］李兴伟．中关村国家示范区科技金融创新分析与趋势预测［J］．科技进步与对策，2011（9）：33-37.

［133］李旭红．更好发挥政策协同合力效应［N］．经济日报，2023-01-13（005）.

［134］李颖，凌江怀，王春超．金融发展对国内科技创新影响的理论与实证研究——基于对广东省面板数据的分析［J］．科技进步与对策，2009（23）：9-15.

［135］李玉双．财政政策冲击的宏观经济效应［D］．湖南大学，2012.

［136］李在军，管卫华，吴启焰，蒲英霞．1978—2011 年间中国区域消费水平的时空演变［J］．地球信息科学，2014（5）：746-753.

［137］李政，罗晖，李正风，封凯栋．基于质性数据分析的中美创新政策比较研究——以"中国双创"与"创业美国"为例［J］．中国软科学，2018（4）：18-30.

［138］连玉君，王闻达，叶汝财．Hausman 检验统计量有效性的 Monte Carlo 模拟分析［J］．数理统计与管理，2014，33（5）：830-841.

［139］林伟光．完善广东科技型中小企业［J］．经济分析，2011（9）：74-76.

［140］林伟光．我国科技金融发展研究［D］．暨南大学，2014.

［141］蔺鹏，孟娜娜，李颖．科技金融政策与科技型中小企业创新绩效的耦合协调研究——以河北省为例［J］．科技管理研究，2018（3）：54-62.

［142］刘钒，彭虎，易晓波，夏清华．新时代科技体制的结构性矛盾：逻辑、表征与改革路径［J］．中国科技论坛，2019（6）：24-28，39.

［143］刘和东．区域创新内溢、外溢与空间溢出效应的实证研究［J］．科研管理，2013，34（1）：28-36.

［144］刘华，周莹．我国技术转移政策体系及其协同运行机制研究［J］．科研管理，2012，33（3）：105-112.

［145］刘建国．城市效率及其溢出效应——基于东北三省 34 个地级市的分析［C］//中国科协常委会青年工作专门委员会，国务院学位委员会办公室，中国科协组织人事部．第八届博士生学术年会论文摘要集．2010：103.

［146］刘降斌，李艳梅．区域科技型中小企业自主创新金融支持体系研究——基于面板数据单位根和协整的分析［J］．金融研究，2008（12）：193-206.

［147］刘军民，财政部财政科学研究所课题组，贾康．科技金融的相关理论问题探析［J］．经济研究参考，2015（7）：13-26.

［148］刘湘云，吴文洋．基于高新技术产业的科技金融政策作用路径与效果评价研究［J］．科技管理研究，2017，37（18）：23-28.

［149］刘晓燕，庞雅如，侯文爽，单晓红．关系—内容视角下央地科技创新政策协同研究［J］．中国科技论坛，2020（12）：13-21.

［150］刘雪凤，高兴．促进我国自主创新能力建设的知识产权政策体系研究［J］．科学管理研究，2014，32（3）．

［151］刘忠敏等．企业竞争力评价指标体系的构建［J］．中国商贸，2011（35）：247-248.

［152］刘姿媚，谢科范．创新驱动的系统动力学模拟——以武汉东湖国家自主创新示范区为例［J］．科技进步与对策，2016（14）：47-54.

［153］卢盛峰，陈思霞．政策偏袒的经济收益：来自中国工业企业出口的证据［J］．金融研究，2016（7）：33-47.

［154］芦锋，韩尚容．我国科技金融对科技创新的影响研究——基于面板模型的分析［J］．中国软科学，2015（6）：139-147.

［155］罗军，常菁．广东省科技型中小企业科技金融服务体系研究［J］．科技创新与生产力，2017（7）：14-17，20.

［156］罗纳德·麦金农．经济发展中的货币与资本［M］．上海：上海人民出版社，1997.

［157］马凌远，李晓敏．科技金融政策促进了地区创新水平提升吗？——基于"促进科技和金融结合试点"的准自然实验［J］．中国软科学，2019（12）：30-42.

［158］马勇，吕琳．货币、财政和宏观审慎政策的协调搭配研究［J］．金融研究，2022（1）：1-18.

［159］孟庆军，许莲艳．基于C-D函数的高新技术产业科技投入产出效率分析［J］．河北工业科技，2015，32（1）：17-21.

［160］潘文卿．中国的区域关联与经济增长的空间溢出效应［J］．经济研究，2012（1）：54-65.

［161］潘昕昕，熊明，贾建平．湖北省促进科技成果转化的科技金融支持机制及启示［J］．中国科技投资，2011（3）：53-56.

[162] 潘雄锋，史晓辉，王蒙．我国科技发展的财政金融政策效应研究——基于状态空间模型的变参数分析 [J]．科学学研究，2012，30（6）：865-869.

[163] 庞庆华，陈隆缘．空间视角下省域金融势能与生态效率关系研究 [J]．技术经济，2021，40（7）：84-90.

[164] 裴雷，孙建军，周兆韬．政策文本计算：一种新的政策文本解读方式 [J]．图书与情报，2016（6）：47-55.

[165] 彭纪生，孙文祥，仲为国．中国技术创新政策演变与绩效实证研究（1978—2006）[J]．科研管理，2008（9）：25-36.

[166] 彭纪生，仲为国，孙文祥．政策测量、政策协同演变与经济绩效：基于创新政策的实证研究 [J]．管理世界，2008（9）：25-36.

[167] 彭于彪．国内外金融支持科技成果转化的经验比较及启示 [J]．金融经济，2014（6）：64-66.

[168] 蒲英霞，马荣华，葛莹，黄杏元．基于空间马尔可夫链的江苏区域趋同时空演变 [J]．地理学报，2005（5）：817-826.

[169] 戚湧，郭逸．江苏科技金融与科技创新互动发展研究 [J]．科技进步与对策，2018（1）：41-49.

[170] 钱敏．基于 GeoDa-GIS 的区域创新水平空间结构演化分析 [J]．商业经济研究，2016（3）.

[171] 钱燕．货币政策与公司投资研究——基于微观企业动态面板数据模型 [J]．经济与管理，2013，27（1）：37-43.

[172] 乔宏，孟丽阳，郭亚静．河北省科技金融发展水平现状评价研究——基于京津冀对比分析 [J]．黑龙江畜牧兽医，2016（14）：39-41.

[173] 秦放鸣，张宇．OFDI 逆向技术溢出、金融集聚与区域创新——基于空间计量和门槛回归的双重检验 [J]．工业技术经济，2020（1）：50-59.

［174］邱雨辰．创新驱动发展下我国科技金融政策效果研究［D］．吉林大学，2017.

［175］曲昭，丁堃，张春博．基于文献计量视角的科技金融政策研究［J］．科技进步与对策，2015（13）：123-128.

［176］权泉．我国商贸流通业政策协同效果的实证检验［J］．商业经济研究，2015（22）：7-8.

［177］饶彩霞，唐五湘，周飞跃．我国科技金融政策的分析与体系构建［J］．科技管理研究，2013，33（20）：31-35.

［178］任阳军，汪传旭，张素庸，俞超．高技术产业集聚、空间溢出与绿色经济效率——基于中国省域数据的动态空间杜宾模型［J］．系统工程，2019，37（1）：24-34.

［179］沈苏燕，李放．农民养老保障的政策契合与协同［J］．改革，2010（9）：93-97.

［180］沈新誉．科技金融政策对区域创新生态的动态空间溢出效应研究［D］．北京联合大学，2019.

［181］时省，赵定涛，洪进．集聚视角下知识密集型服务业对区域创新的影响研究［J］．科学学与科学技术管理，2013（12）.

［182］司书耀．中国财政政策效应研究［D］．华中科技大学，2013.

［183］宋伟，夏辉．地方政府人工智能产业政策文本量化研究［J］．科技管理研究，2019，39（10）：192-199.

［184］孙龙，雷良海．地方政府促进科技成果转化的财政政策研究——基于上海市46份政策文件的量化分析［J］．华东经济管理，2019（10）：27-32.

［185］孙志红，王红星．我国中西部地区科技金融资源配置效率研究［J］．财会月刊，2018（7）.

［186］唐松．中国金融资源配置与区域经济增长差异——基于东、中、

西部空间溢出效应的实证研究 [J]. 中国软科学, 2014 (8): 100-110.

[187] 唐五湘, 饶彩霞, 程桂枝. 北京市科技金融政策文本量化分析 [J]. 科技进步与对策, 2013, 30 (18): 56-61.

[188] 涂航. 科技金融政策发展及对策研究——以东湖高新区为例 [J]. 天水行政学院学报, 2018 (4).

[189] 万海远, 李实. 户籍歧视对城乡收入差距的影响 [J]. 经济研究, 2013, 48 (9): 43-55.

[190] 汪小英, 王宜龙, 沈镭, 李小漫, 杜强涛. 信息化对中国能源强度的空间效应——基于空间杜宾误差模型 [J]. 资源科学, 2021, 43 (9): 1752-1763.

[191] 汪亚楠, 叶欣, 许林. 数字金融能提振实体经济吗 [J]. 财经科学, 2020 (3): 1-13.

[192] 王芳. 上市公司竞争力评价研究——以河南省为例 [J]. 企业经济, 2015 (10): 48-52.

[193] 王海, 许冠南. 政策协同、官员更替与企业创新——来自战略性新兴产业政策文本的经验证据 [J]. 财经问题研究, 2017 (1): 33-40.

[194] 王红, 张昊, 史金钏. 基于 LDA 的领域本体概念获取方法研究 [J]. 计算机工程与应用, 2018, 054 (013): 252-257.

[195] 王宏起, 徐玉莲. 科技创新与科技金融协同度模型及其应用研究 [J]. 中国软科学, 2012 (6): 129-138.

[196] 王少剑, 王洋, 赵亚博. 1990 年来广东区域发展的空间溢出效应及驱动因素 [J]. 地理学报, 2015, 70 (6): 965-979.

[197] 王文静, 王玉婷. 科技金融政策对科技企业创新能力的影响研究——以天津市为例 [J]. 天津商业大学学报, 2020, 40 (2): 43-51.

[198] 王文忠, 曹雅丽. 政治冲击、制度效率与企业创新——来自主政

官员更替的证据［J］．山西财经大学学报，2017（1）：1-14．

［199］王晓婷．高技术产业 R&D 投入与企业绩效相关性实证研究——来自中小板上市公司的经验证据［J］．财会通讯，2015（36）：32-41．

［200］王延杰．京津冀治理大气污染的财政金融政策协同配合［J］．经济与管理，2015，29（1）：13-18．

［201］王铮，刘海燕，刘丽．中国东中西部 GDP 溢出分析［J］．经济科学，2003（1）：5-13．

［202］王智强．中国财政政策和货币政策效率研究——基于随机前沿模型的实证分析［J］．经济学动态，2010（8）：45-49．

［203］王子兴．产业政策对先进制造业自主创新能力的影响［D］．湖南师范大学，2019．

［204］温红梅，王宏宇，赵睿藜．农村金融发展对农业经济增长的空间溢出效应分析——基于 1978—2016 年省级面板数据［J］．哈尔滨商业大学学报（社会科学版），2020（4）：3-13．

［205］温美荣，王帅．政策协同视角下脱贫攻坚成果同乡村振兴的有效衔接［J］．西北农林科技大学学报（社会科学版），2021，21（5）：10-19．

［206］吴荻，匡海波，潘仙友．环境投资对区域空间溢出效应的影响研究［J］．管理评论，2018，30（10）：49-57．

［207］吴凤菊．江苏省科技金融扶持政策的实施经验研究——以科技型中小企业为例［J］．科技管理研究，2015（17）：77-81．

［208］吴开明．政策执行偏差防治路径探析——基于政策执行控制的视角［J］．中国行政管理，2009（1）：35-40．

［209］吴文强．政策协调机制何以失效？——对 F 省新版医疗服务价格目录"难产"的过程追踪［J］．公共管理学报，2021，18（4）：22-33，167．

［210］吴玉鸣，徐建华．中国区域经济增长集聚的空间统计分析［J］．地理科学，2004（6）：654-659．

［211］武志伟，陈莹，薄燕琳．江苏省科技金融政策有效性的实证研究［J］．科技管理研究，2016（9）：35-40．

［212］夏林．后发国家新兴产业赶超的机遇识别与政策协同——基于演化经济视角的分析［J］．求是学刊，2016，43（1）：80-87．

［213］肖红军，阳镇，王欣．央地产业政策协同、企业社会责任与企业绿色技术创新［J］．中山大学学报（社会科学版），2023，63（1）：177-193．

［214］谢斌，杨晓军．"后扶贫时代"相对贫困治理与乡村振兴的协同逻辑及政策选择［J］．理论导刊，2023（1）：82-87，119．

［215］谢兰云．中国省域 R&D 投入对经济增长作用途径的空间计量分析［J］．中国软科学，2013，9：37-47．

［216］谢婷婷，赵莺．科技创新、金融发展与产业结构升级——基于贝叶斯分位数回归的分析［J］．科技管理研究，2017，37（5）：1-8．

［217］谢彦龙，李同昇等．区域创新与经济发展时空耦合协调分析——以陕西省为例［J］．科技管理研究，2017（2）．

［218］熊永康．基于 R 语言的各省市人均 GDP 空间统计分析［J］．科技信息，2013（25）：92-93．

［219］徐枫，潘麒，汪亚楠．"双碳"目标下绿色低碳转型对企业盈利能力的影响研究［J］．宏观经济研究，2022（1）：161-175．

［220］徐宏毅，李程，徐硼．2001—2010 年中国金融业政策测量和有效性研究［J］．武汉金融，2014（1）：25-28．

［221］徐烁然，博士生，杨丽莎，付丽娜．长江经济带科技金融结合效率的时空分异特征分析［J］．商业经济研究，2018（21）：3．

［222］徐玉莲，王玉冬，林艳．区域科技创新与科技金融耦合协调度评价研究［J］．科学学与科学技术管理，2011，32（12）：116-122.

［223］徐玉莲．区域科技创新与科技金融协同发展模式与机制研究［D］．哈尔滨理工大学，2012.

［224］徐越倩，李拓，陆利丽．科技金融结合试点政策对地区经济增长影响研究——基于科技创新与产业结构合理化的视角［J］．重庆大学学报（社会科学版），2021（6）.

［225］许爱萍．京津冀科技创新协同发展背景下的科技金融支持研究［J］．当代经济管理，2015，37（9）：69-72.

［226］许和连，王海成．简政放权改革会改善企业出口绩效吗？——基于出口退（免）税审批权下放的准自然试验［J］．经济研究，2018，53（3）：157-170.

［227］许悦雷．"科技创新"理念的政治经济学分析［A］//第十七届沈阳科学学术年会论文集［C］．2020：113-116.

［228］薛黎明，龚爽，崔超群等．主客观权重相结合的湖南省矿产资源可持续力综合评价［J］．中国矿业，2015（9）：44-49.

［229］薛晔，蔺琦珠，高晓艳．中国科技金融发展效率测算及影响因素分析［J］．科技进步与对策，2017（7）：109-116.

［230］薛泽林，孙荣．治理势能：政策协同机制建构之关键——台北与上海文化创意产业培育政策比较［J］．情报杂志，2016，35（10）：190-194.

［231］杨晨，王杰玉．系统视角下知识产权政策协同机理研究［J］．科技进步与对策，2016，33（2）：114-118.

［232］杨荻，刘孝，陈百惠．关于京津冀科技金融协同发展的思考［J］．华北金融，2017（7）：25-31.

［233］杨东．监管科技：金融科技的监管挑战与维度建构［J］．中国社

会科学，2018（5）：69-91，205-206.

[234] 杨慧，杨建林. 融合 LDA 模型的政策文本量化分析——基于国际气候领域的实证 [J]. 现代情报，2016，36（5）：71-81.

[235] 杨开忠. 京津冀协同发展的探索历程与战略选择 [J]. 北京联合大学学报（人文社会科学版），2015（4）：27-32，40.

[236] 杨锐，杨亮，李良强，张楠，廖觅燕. 我国科研诚信政策特征及演化逻辑——基于文本挖掘法 [J]. 科技进步与对策，2020，37（20）：89-98.

[237] 杨望，徐慧琳，谭小芬，薛翔宇. 金融科技与商业银行效率——基于 DEA-Malmquist 模型的实证研究 [J]. 国际金融研究，2020（7）：56-65.

[238] 杨宜. 科技金融政策对区域创新的影响 [J]. 北京联合大学学报（人文社会科学版），2018（4）：40-50.

[239] 杨源源，于津平，尹雷. 中国财政货币政策协调配合范式选择 [J]. 财贸经济，2019，40（1）：20-35.

[240] 杨中庆. 基于 R 语言的空间统计分析研究与应用 [D]. 暨南大学，2006.

[241] 杨子晖. 财政政策与货币政策对私人投资的影响研究——基于有向无环图的应用分析 [J]. 经济研究，2008（5）：81-93.

[242] 叶康涛，刘芳，李帆. 股指成份股调整与股价崩盘风险：基于一项准自然实验的证据 [J]. 金融研究，2018（3）：172-189.

[243] 叶莉，王亚丽，孟祥生. 中国科技金融创新支持效率研究——基于企业层面的理论分析与实证检验 [J]. 南开经济研究，2015（6）：37-53.

[244] 叶茜茜. 互联网金融技术创新扩散的空间溢出效应——基于 P2P 网贷数据的实证检验 [J]. 中国流通经济，2016，30（9）：76-84.

［245］鄞益奋．利益多元抑或利益联盟——政策网络研究的核心辩解
［J］．公共管理学报，2007（3）：43-49，123.

［246］于平，盖凯程．城市群金融发展的空间溢出效应分析——基于空
间面板数据的实证研究［J］．贵州财经大学学报，2017（4）：47-55.

［247］俞立平，潘云涛，武夷山．科技教育评价中主客观赋权方法比较
研究［J］．科研管理，2009，30（4）：154-161.

［248］宇超逸，王雪标．金融创新对经济高质量发展的实证检验［J］.
统计与决策，2021（9）：88-92.

［249］袁野，于敏敏，陶于祥，龚振炜，刘继明．基于文本挖掘的我国
人工智能产业政策量化研究［J］．中国电子科学研究院学报，2018，13（6）：
663-668.

［250］苑泽明，郭景先，侯雪莹．我国科技金融政策评价研究：构建理
论分析框架［J］．科技管理研究，2015，35（15）：69-75.

［251］苑泽明，李田，贾玉辉．科技金融政策执行研究：影响因素及理
论模型——基于企业问卷调查与多案例研究［J］．经济与管理研究，2018，
39（4）：55-66.

［252］岳帅，王汉斌．基于 GAM 模型分析变量对产业结构的影响研究
［J］．数学的实践与认识，2018，3：75-83.

［253］翟华云．战略性新兴产业上市公司金融支持效率研究［J］．证券
市场导报，2012（11）：20-25.

［254］张宝建，李鹏利，陈劲，郭琦，吴延瑞．国家科技创新政策的主
题分析与演化过程——基于文本挖掘的视角［J］．科学学与科学技术管理，
2019，40（11）：15-31.

［255］张国兴，高秀林，汪应洛，郭菊娥．我国节能减排政策协同的有
效性研究：1997—2011［J］．管理评论，2015，27（12）：3-17.

［256］张国兴，高秀林，汪应洛，刘明星．政策协同：节能减排政策研究的新视角［J］．系统工程理论与实践，2014，34（3）：545-559.

［257］张进财，左小德．企业竞争力评价指标体系的构建［J］．管理月刊，2013（1）：172-173.

［258］张景安．建设创业板市场落实自主创新的科技金融政策——2006年12月1日在第五届中小企业融资论坛的书面发言［J］．证券市场导报，2006（12）：9-11.

［259］张明喜，魏世杰，朱欣乐．科技金融：从概念到理论体系构建［J］．中国软科学，2018，4（4）：31-42.

［260］张明喜．示范区科技金融试点政策跟踪研究［J］．中央财经大学学报，2013，1（6）：44.

［261］张娜，吴福象．"一带一路"国内段节点城市创新空间差异及溢出效应［J］．统计与决策，2019，35（18）：143-146.

［262］张炜，费小燕，肖云等．基于多维度评价模型的区域创新政策评估——以江浙沪三省为例［J］．科研管理，2016（S1）.

［263］张晓燕．金融监管与货币政策协调运行机制研究［J］．宏观经济研究，2021（4）：25-37.

［264］张兴旺，陈希敏．国内外科技金融创新发展模式比较研究［J］．科学管理研究，2017（5）：112-115.

［265］张旭，宋超，孙亚玲．企业社会责任与竞争力关系的实证分析［J］．科研管理，2010，31（3）：149-157.

［266］张学波，陈思宇，廖聪，宋金平．京津冀地区经济发展的空间溢出效应［J］．地理研究，2016（9）：1753-1766.

［267］张勋，万广华，张佳佳，何宗樾．数字经济、普惠金融与包容性增长［J］．经济研究，2019，54（8）：71-86.

［268］张永安，耿喆，王燕妮．区域科技创新政策分类与政策工具挖掘——基于中关村数据的研究［J］．科技进步与对策，2015，32（17）：116-122.

［269］张永安，马昱．基于 R 语言的区域技术创新政策量化分析［J］．情报杂志，2017，36（3）：113-118.

［270］张勇．基于词性与 LDA 主题模型的文本分类技术研究［D］．安徽大学，2016.

［271］张玉娟，张微，黎晓东，郭昱，付宏，申峥峥．基于文本分析的北京市财政对市科委和中关村科技创新的支持政策研究［J］．情报工程，2017，3（4）：99-111.

［272］张玉喜，段金龙．科技创新的公共金融支持评价体系研究 ——以黑龙江省为例的分析［J］．理论探讨，2015（6）：99-102.

［273］张玉喜，赵丽丽．中国科技金融投入对科技创新的作用效果——基于静态和动态面板数据模型的实证研究［J］．科学学研究，2015（2）：177-184，214.

［274］张芷若，谷国锋．科技金融与科技创新耦合协调度的空间格局分析［J］．经济地理，2019（4）：50-58.

［275］赵蓓蓓，高媛媛．河北省科技金融政策文本的量化研究［J］．科技资讯，2020，18（3）：197，199.

［276］赵昌文，陈春发，唐英凯．科技金融［M］．北京：科学出版社，2009：27-53.

［277］赵丹妮．"一带一路"创新驱动科技金融"试验田"运行模式研究［J］．科学管理研究，2015，33（4）：110-112.

［278］赵冬梅，周荣征．企业竞争力评价指标体系的设计方法研究［J］．工业技术经济，2007，26（9）：88-89.

［279］赵公民，刘金金，武勇杰，杨非非．基于扎根理论和文本挖掘的广东省科技金融政策共词网络研究［J］．科技管理研究，2019，39（3）：51-57．

［280］赵剑波．推动新一代信息技术与实体经济融合发展：基于智能制造视角［J］．科学学与科学技术管理，2020，41（3）：3-16．

［281］赵晶，迟旭，孙泽君．"协调统一"还是"各自为政"：政策协同对企业自主创新的影响［J］．中国工业经济，2022（8）：175-192．

［282］赵善梅，吴士炜．基于空间经济学视角下的我国资本回报率影响因素及其提升路径研究［J］．管理世界，2018，34（2）：68-79．

［283］赵天一．战略性新兴产业科技金融支持路径及体系研究［J］．科技进步与对策，2013，30（8）：63-67．

［284］赵艳华，赵士雯．基于灰色关联度的京津冀区域创新能力影响因素比较分析［J］．大连理工大学学报（社会科学版），2017（1）．

［285］赵轶．北京市科技金融的现状及其发展［J］．中国国情国力，2016（6）：68-70．

［286］赵稚薇．科技金融对技术创新的作用效率研究［J］．理论探讨，2012（7）：67-68．

［287］甄珍，白俊红，陈建勋．内部研发、外源性研发与企业竞争优势——以沪深高科技上市公司为样本的实证研究［J］．科技进步与对策，2013，30（19）：78-82．

［288］郑新业，王宇澄，张力．政府部门间政策协调的理论和经验证据［J］．经济研究，2019，54（10）：24-40．

［289］钟昌标．外商直接投资地区间溢出效应研究［J］．经济研究，2010，45（1）：80-89．

［290］仲为国，彭纪生，孙文祥．政策测量、政策协同与技术绩效：基

于中国创新政策的实证研究（1978—2006）［J］．科学学与科学技术管理，2009，30（3）：54-60，95．

［291］周茂，陆毅，杜艳，姚星．开发区设立与地区制造业升级［J］．中国工业经济，2018（3）：62-79．

［292］周小刚，陈东有，叶裕民，郭春明．中国一元化户籍改革的社会政策协同机制研究［J］．人口与经济，2010（4）：1-5．

［293］朱道才，任以胜，徐慧敏，陆林．长江经济带空间溢出效应时空分异［J］．经济地理，2016（6）：26-33．

［294］朱虹．数字技术驱动金融创新研究［J］．合作经济与科技，2020（6）：61-63．

［295］朱平芳，项歌德，王永水．中国工业行业间 R&D 溢出效应研究［J］．经济研究，2016，51：44-55．

［296］朱太辉，陈璐．Fintech 的潜在风险与监管应对研究［J］．金融监管研究，2016（7）：18-32．

［297］祝鑫梅，余晓，卢宏宇．中国标准化政策演进研究：基于文本量化分析［J］．科研管理，2019，40（7）：12-21．

［298］庄雷，王烨．金融科技创新对实体经济发展的影响机制研究［J］．软科学，2019，33（2）：43-46．

后　记

　　京津冀协同发展是区域协调发展战略的重要内容，是习近平总书记亲自谋划、亲自部署、亲自推动的重大国家战略。九年多来，习近平总书记多次主持召开会议为京津冀协同发展的重要规划、重要事项把关定向。2023 年 5 月 12 日，习近平总书记主持召开深入推进京津冀协同发展座谈会时强调，要坚定信心，保持定力，增强抓机遇、应挑战、化危机、育先机的能力，统筹发展和安全，以更加奋发有为的精神状态推进各项工作，推动京津冀协同发展不断迈上新台阶，努力使京津冀成为中国式现代化建设的先行区、示范区。

　　京津冀地区在过去的九年中拿到了"京津冀协同发展"战略带来的改革红利——密织便捷交通网、协同产业转移和转型升级、布局民生福利等。当前京津冀协同发展正由"谋思路、打基础、寻突破"的基础阶段进入"滚石上山、爬坡过坎、攻坚克难"的关键阶段。以资源环境承载能力为基础、以京津冀城市群建设为载体、以优化区域分工和产业布局为重点、以资源要素空间统筹规划利用为主线、以构建长效体制机制为抓手的京津冀地区协同发展需要科技金融为其注入发展动力。回顾九年来京津冀科技金融的发展历程，尽管京津冀地区科技金融协同发展的优势与作用不断显现，但是仍存在科技金融协同效能不高等问题，未来京津冀科技金融的协同发展任重道远。

历时近五年的积累、思考、研究与实践，当《京津冀科技金融政策研究》这本书基本成形之际，越发觉得我国区域科技金融政策方面存在一些不足，需要以更大的改革决心和勇气实现科技与金融的有效融合。

在本书的写作过程中得到了许多朋友的关心和帮助，尤其要致敬鲍新中教授在科研上对我的指点和引领，以获得教育部青年项目资助为标志让我的科研之路看到了一些曙光和希望。参与本书资料收集、整理工作的还有沈新誉、张瑞、雷鹏飞、朱鹏斌、栾海祖、王宇琳、杜文倩、赵高攀等；经济管理出版社胡茜女士为本书的出版倾注了大量心血，在此对他们表达诚挚的感谢。由于能力和精力所限，本书难免存在不尽完善之处，希望读者不吝批评指正。